Du bonheur d'être fragile

Jean-Claude Liaudet

Du bonheur d'être fragile

Albin Michel

Introduction

> « *Fragile, faible* : L'homme fragile diffère de l'homme faible en ce que le premier cède à son cœur, à ses penchants, et le second à des impulsions étrangères. La fragilité suppose des passions vives, et la faiblesse l'inaction et le vide de l'âme. »
>
> *Encyclopédie VII, 273,* Littré

« Attention fragile ! » Ces mots sur un colis disent bien ce qu'ils veulent dire : être fragile, c'est être susceptible de se briser. Tel est le sens que nous donnons le plus souvent à ce mot : être fragile, c'est manquer de solidité, ne pas avoir de consistance ; ne pas avoir de corps dans le sens où ce qui fait corps, c'est ce qui tient. « Manquer de solidité » signifiait aux temps classiques « ne pas être solidaire ». En effet, on ne peut avoir confiance dans une personne fragile. C'est aussi manquer de stabilité, ne pas avoir d'assiette, autrement dit manquer d'équilibre, ne pas savoir trouver une bonne position sur son cheval, celle qui demande le moindre effort et permet de tenir longtemps. C'est ne pas être établi sur des bases fermes, et donc être facile à ébranler.

Au contraire de la fragilité, la fermeté, l'assurance, la maîtrise, l'indépendance, la liberté, la force, toutes valeurs que l'on estime viriles (la fragilité étant femme, selon nos valeurs traditionnelles), et que l'on peut attribuer à l'homme moderne.

En notre époque postmoderne, nous avons gagné la liberté de croire que nous nous faisons par nous-mêmes ; autrement dit que nous pratiquons démocratiquement l'autodétermination de nous-mêmes, et que notre désir est roi. Nous sommes des individualistes triomphants.

Mais cette souveraineté du moi a ses contraintes. Il nous faut « assurer » ! Responsables de tout, nous sommes constamment au front, et sans protection. Nous sommes les entrepreneurs de nous-mêmes. Dans ce contexte, toute fragilité devient une faiblesse. C'est pourquoi nous sacrifions au mythe de la maîtrise en tout et sur tout : il nous faut être puissants, jouissants, jeunes. Cet idéal du moi individualiste est féroce, car il méconnaît notre nature profonde, et nous oblige à jouer à contre-emploi. C'est-à-dire à arborer un faux moi, à croire et à faire croire que nous sommes ce que nous ne sommes pas (du moins pas entièrement) et à nous situer dans un porte-à-faux inconfortable et risqué.

Il y a une façon de sortir de ce piège : c'est de ne pas confondre faiblesse et fragilité.

De la fragilité, on peut dire qu'elle consiste à se défaire de son armure, à prendre le risque d'ôter des protections, pourtant nécessaires, pour accepter d'être sensible ; accepter d'être atteint par autrui comme par les différents événements de la vie, voire à être défait pour un temps. Alors que la faiblesse est la face négative d'une idéologie de la domination, elle serait une incapacité à être dans la maîtrise et le pouvoir.

Pour la psychanalyse, la fragilité est inévitable. Puisque, disait Freud, nous somme sensibles à trois types de maux : le premier tient aux forces de la nature, qui se déchaînent en toute ignorance de nous ; le second tient à notre environnement social, qui nous contraint ; et le troisième à notre corps, sujet aux maladies et destiné à mourir.

En même temps, et c'est ce que nous chercherons à décrire, dans cette fragilité nous trouvons notre puissance. Une puissance différente de la force, et que nous ne pourrions connaître sans la fragilité.

PREMIÈRE PARTIE

Reconnaître la fragilité

I

L'homme, cet animal dépendant

> « Prométhée survint pour inspecter le travail. Celui-ci vit toutes les autres races harmonieusement équipées, et l'homme nu, sans chaussures, sans couvertures, sans armes. »
>
> Platon, *Protagoras*

L'homme est un éternel prématuré

Le nourrisson ne peut survivre seul, contrairement à de nombreux animaux qui sont autonomes dès la sortie de l'œuf ou du ventre de la mère. Si l'homme n'est pas le seul mammifère à avoir besoin de parents pour survivre, le temps d'apprentissage chez lui est particulièrement long : environ six ans pour les acquisitions de base permettant la survie, plus une dizaine d'années pour les plus complexes.

Cette condition première de détresse, l'homme la doit à sa néoténie[1], décrite par l'anatomiste Louis Bolk en 1926 : l'humain naît avant terme, alors que son développement fœtal n'est pas accompli, et il garde toute sa vie des caractères juvéniles. Quand on le compare à ses collègues de la famille des mammifères, il apparaît un peu dégénéré, d'une fragilité hors du commun. Sur le plan physique, il est désespérément faible et nu : il n'a quasiment pas de poils, sa musculature est chétive, il est dépourvu de dentition. Sa tête et le cerveau qu'elle contient sont disproportionnés par rapport au corps. Sur le plan psychique, il se trouve handicapé car son système nerveux n'est pas achevé : il est dépourvu d'instincts, c'est-à-dire de schémas de comportements réflexes lui permettant de vivre et survivre. Il

1. Du grec *néo*, « nouveau », et *teinen*, « prolonger » : désigne du nouveau qui reste nouveau sans atteindre la maturité.

devra tout apprendre. Tel est le roi de la création ! Il ne termine pas son développement animal normal : c'est un « animal raté » qui, par une lubie des hasardeuses évolutions de la nature, a néanmoins la capacité de se reproduire, et donc de transmettre ses caractères – on pourrait dire son manque de caractères.

Quand on compare sa croissance à celle du chimpanzé, son cousin le plus proche, les différences sautent aux yeux. La phase embryonnaire dure deux semaines chez le chimpanzé, huit chez l'homme. C'est l'époque où le derme se creuse sur lui-même pour former le système nerveux, plus important chez l'homme mais longtemps anarchique. La phase fœtale dure un mois de plus chez l'homme, mais elle est néanmoins trop courte. On a calculé que, pour naître avec un état de maturation comparable à celui du jeune chimpanzé, son temps de gestation devrait durer dix-huit mois. La dentition de lait dure trois ans chez le chimpanzé, contre six chez l'humain. Comme chez son cousin, le trou occipital (par lequel sort la moelle épinière) du chimpanzé est situé à la base du crâne, ce qui lui permet de se tenir debout. Mais, avec la croissance, il se déplace vers l'arrière, ce qui l'oblige à se tenir à quatre pattes. Le petit humain, lui, conserve ce caractère juvénile ; il peut rester sur ses deux pattes de derrière, ce qui entraîne deux conséquences majeures : ses membres antérieurs ne lui servent plus à rien, ses mains pourront donc lui servir à tout ; la position de la tête met le larynx dans une curieuse position, il se trouve surmonté du pharynx et l'humain se trouve donc affublé d'un curieux appareil vocal – et dépourvu de l'instinct programmant un chant spécifique à l'espèce.

Non entièrement soumis à l'instinct animal, l'homme ne peut être dans l'instant du comportement réflexe, réalisé sans intention ni réflexion. Pour l'animal, l'instant et l'éternité se confondent, ce qui lui donne son allure de souveraineté détachée des aléas auxquels nous, pauvres humains, sommes si sensibles. C'est que, incapables d'être dans l'instant de l'instinct, nous connaissons le malheur d'être dans le temps, nous sommes toujours décalés par rapport à ce qui est. C'est seulement après que nous réalisons ce que nous avons dit ou fait ; ou bien c'est avant que nous projetons ce que nous allons faire – sans faire corps avec l'instant. Et, capables d'envisager l'avenir, nous savons que nous allons mourir.

Notre fragilité fait notre force

Donc, rien de défini chez l'homme. C'est un être incomplet, une ébauche d'être vivant bien constitué. C'est cette incomplétude qui fait sa chance. Parce que nous ne sommes pas équipés pour vivre dans un milieu particulier, nous sommes capables de nous adapter à tous. Dépourvus de schémas de comportements prémontés, nous sommes voués à être libres et à devoir apprendre.

Décrivant cet état de néoténie, Dany-Robert Dufour [1] explique comment, démunis des outils naturels que sont les crocs et les griffes, associés aux comportements instinctuels,

1. *On achève bien les hommes,* Denoël, 2005.

il nous a fallu développer des prothèses pour pouvoir survivre. Des prothèses physiques qui nous permettent de supporter le froid, d'atteindre nos proies, de nous déplacer ; des prothèses psychiques qui remplacent l'instinct, et dont le langage est l'élément clé. Ainsi, parce que nous ne sommes pas armés pour vivre, redoublons-nous le monde naturel de mondes artificiels : celui de la technique, mais avant tout celui du langage.

« Les sociétés humaines ont pour habitat leur langue. Ce ne sont pas les mers, les grottes, les cimes des montagnes ou des bois profonds qui les abritent : mais la voix qu'ils échangent entre eux et ses accents singuliers », écrit joliment Pascal Quignard.

Le langage a cette capacité étrange de rendre présent ce qui ne l'est pas : de re-présenter ce qui est absent. De même pour l'écriture : avant d'être une transcription du langage oral avec l'écriture syllabique, la première écriture fut composée d'idéogrammes. On sait que l'idéogramme est le dessin (certes très stylisé) de la chose. Et de ce dessin on peut dire (si l'on veut bien considérer que le premier dessin est le contour d'une ombre projetée sur un plan) qu'il présente trois dimensions de l'espace dans les deux dimensions (planes) de la feuille où il est jeté. L'ombre de la chose est évoquée, sans qu'elle soit là. Ainsi l'écriture, et plus généralement le langage, est-elle représentation d'une absence. Ce que l'on retrouve dans la structure du langage : quand « je » parle à « tu », j'évoque toujours un troisième terme absent ; quand Paul dit à Jean que la pomme est rouge, il n'est pas besoin de pomme sur la table.

Dany-Robert Dufour a cette formule : parce que l'humain ne peut coller au présent, « grâce au langage, il vit en somme dans un étrange temps : le re-présent ». Voilà à quelle complexité nous conduit notre incapacité native...

C'est dire aussi que l'humain n'est pas ce que les discours biologisant et naturalisant en disent. S'il est un être vivant qui ne soit pas déterminé par son code génétique, c'est bien l'humain. Pour lui, la nature n'est pas prescriptive. Dépourvus de la loi de l'instinct qu'il nous suffirait de suivre, nous sommes conduits à inventer des lois pour régir nos comportements.

Parce que l'homme n'est pas adapté à la nature dans laquelle il naît, il est conduit à se construire une seconde nature, un monde technique, pour se recouvrir d'une seconde peau, celle du vêtement, pour habiter un lieu protecteur, la maison, pour disposer d'outils divers permettant de pallier notre déficience originelle. Et, par le langage, il s'invente une troisième nature, faite de fictions qui, à la place de ses instincts défaillants, donnent du sens (à la fois une direction et une signification) à ses actes et ses pensées.

Les bienfaits du sentiment de perdition

Cette incapacité fondamentale à vivre par nous-mêmes est à la source de ce que Freud nomme notre « état de détresse [1] ». Détresse

1. Freud utilise le terme de *Hilflosigkeit* que l'on peut traduire, mot à mot, par « état où l'on est privé d'aide, de secours ».

physique tout d'abord : le jeune enfant commence par ne pas pouvoir se mouvoir, ni saisir quelque objet que ce soit, état proche de ce que vit une personne paralysée ; détresse psychique également, puisqu'il est dans l'incapacité de satisfaire les besoins qui le tenaillent. Livré à la faim, il ne peut rien faire par lui-même pour l'apaiser ; c'est dire que le besoin devient persécuteur, dans la mesure où il est d'abord source d'une tension que rien ne peut apaiser, une tension qui produit souffrance et sentiment de perdition. Ainsi chez l'humain le besoin est-il d'entrée associé à une angoisse.

Cette première condition marque définitivement notre mode d'être. Nous avons connu la peur qu'on ne réponde pas à notre demande, et de ne pouvoir y survivre. Nous en avons gardé la crainte que, quels que soient son amour et sa disponibilité, autrui ne parvienne jamais ni à nous secourir ni à nous satisfaire totalement. Mais cette perte irrémédiable est pourtant un don car, sans ce sentiment de solitude, nous ne pourrions pas être sujets de nous-mêmes.

De plus, cette détresse nous conduit à entrer en relation avec l'autre : puisque l'enfant ne peut vivre en cercle fermé, il doit s'ouvrir à l'autre, lui manifester ses demandes. Sa survie en dépend. Sans doute ce forçage est-il également nécessaire pour que nous reconnaissions pleinement l'existence d'autrui.

Cette reconnaissance nous introduit alors dans une relation avec un autre qui est d'abord omnipotent, puisque notre vie dépend de celui-ci (la mère tout d'abord). C'est sur ce registre que l'autre s'inscrit en nous. Mais cet autre dont nous dépendons et qui nous vient en aide (même si ce n'est jamais exactement comme nous le souhaiterions) nous apprend aussi l'amour dans sa dimension de tendresse. Cette réponse qu'un autre a su donner au moment où nous sombrions dans la détresse, cet apaisement et cette satisfaction qu'il a su nous apporter, nous saurons nous aussi les apporter à d'autres personnes. Pour peu que nous ne soyons pas démunis d'empathie (ce qui demande, remarquons-le, de sortir d'une logique de maîtrise), nous serons capables de nous identifier à lui, de le ressentir démuni comme nous l'avons été, et d'être celle ou celui qui apporte la satisfaction que nous avons nous-mêmes reçue.

II

Les clowneries du moi fort

« Rien n'est plus souple et plus faible que l'eau,
Mais pour enlever le dur et le fort, rien ne la surpasse
Et rien ne saurait la remplacer.
La faiblesse a raison de la force ;
La souplesse a raison de la dureté.
Tout le monde le sait
Mais personne ne peut le mettre en pratique. »

Lao-Tseu, *Tao-tö king*

« Le moi n'est pas maître dans sa propre maison » (Freud)

Fort de ses avancées rationnelles et techniques, l'humain est tenté d'oublier sa nature fragile. Il s'est construit un mythe, celui d'un moi établissant sa domination par la raison : Descartes fonde un « je » qui, par sa raison, se domine et domine le monde.

C'est pourquoi, à la fin du XIXe siècle, lorsque Freud soutient que nous ne savons pas ce que nous faisons et pensons, et que la sexualité nous meut, il ne peut d'abord rencontrer que de l'hostilité. Ce qu'il y avait, ce qu'il y a toujours de scandaleux dans ses affirmations, c'est que nous ne sommes pas maîtres en notre maison. Aujourd'hui encore, au-delà de l'assentiment superficiel que nous affichons à l'endroit de la psychanalyse, nous avons du mal à faire entrer dans notre vie concrète le fait de l'inconscient, qui nous conduit à constater que nous sommes étrangers à nous-mêmes.

Dans un article publié en 1917, Freud estime que la découverte de l'inconscient est une humiliation comparable à celle que fut la découverte du système solaire par Copernic ou la théorie de l'évolution de Darwin[1]. Jusqu'à

1. Les théories de Darwin sur l'évolution s'opposent encore aux thèses créationnistes, qui soutiennent la « vérité biblique » selon laquelle l'Univers a été créé tel

Copernic en effet, l'homme estimait qu'il était au centre du monde, le Soleil tournait autour de la Terre qu'il habitait. Avec Copernic, sa maison devenait une planète comme une autre, l'homme devenait un voyageur anonyme et perdu dans l'immensité cosmique. De même, le sujet pensait régner en maître sur lui-même et se conduire comme il en avait l'intention grâce aux règles de la raison. Il était roi de lui-même – voire créateur de lui-même, comme le soutient l'idéologie individualiste libérale. L'humanisation qu'apporte la psychanalyse consiste à dévoiler l'incertitude constitutive du sujet. Comme les pauvres d'esprit, celui-ci ne sait pas ce qu'il fait, il est agi autant qu'il agit.

Là où ça flanche

Comment se manifeste l'inconscient dans notre quotidien le plus simple ? Par des points

---

qu'il est aujourd'hui il y a tout juste six mille ans... « Vérité » tenue pour crédible par un États-Unien sur deux...

de fragilité dans le discours, parfois des plus banals : on emploie un mot pour un autre, ou bien un mot disparaît, impossible à retrouver, ou encore le sens de ce que l'on disait bascule et découvre un autre sens. Je voulais dire à un ami rencontré par hasard : « Comment tu vas ? » et je lui dis : « Comment tu es, toi ? »... Bien sûr, à ce lapsus – « Comment tuer toi ? » – j'éclate de rire ! Pas lui... Mon rire signe le plaisir que j'éprouve et que je me permets – en toute innocence. Puisque je n'ai pas voulu mon lapsus, je n'en suis qu'indirectement responsable ! On connaît le mécanisme psychique à l'œuvre. Un souhait agressif a été refoulé parce que inconvenant : le désir de faire un reproche à cet ami. Ce souhait refoulé a réussi à renverser la barrière de la morale et du bon sens, à tromper ma vigilance, il vient de « faire retour » (ce que l'on appelle le « retour du refoulé »). Ce mot dans lequel je tue mon ami m'a échappé, il n'est pas de moi, mais il l'est quand même.

J'aurais pu continuer à parler sans entendre le lapsus que j'avais fait, sans entendre le double sens dans ce que j'énonçais. Ainsi, l'inconscient en moi produit un sens qui m'échappe et suppose un sujet qui n'est pas mon moi conscient, que seul un autre en position d'écoute peut déceler : un autre qui peut être moi, pour autant que je m'écoute. Voilà ce que la cure psychanalytique cherche à produire, ce que Lacan appelle le « sujet de l'inconscient ». Un sujet qui n'est pas moi, et que je suis bien en peine de maîtriser. Qui me rend vulnérable, qui me joue des tours.

« Dans le rêve, l'acte manqué, le mot d'esprit : qu'est-ce qui frappe d'abord ? écrit Lacan dans *Les Quatre Concepts fondamentaux de la psychanalyse*[1]. C'est le mode d'achoppement sous lequel ils apparaissent. Achoppement, défaillance, fêlure. Dans une phrase prononcée, quelque chose vient à trébucher. »

Le sujet divisé

Ainsi, pour la psychanalyse, le sujet est divisé. Il n'est pas un moi fort et dominateur

1. *Le Séminaire, Livre XI*, Le Seuil, 1973.

à qui rien n'échappe, mais plutôt un cavalier monté sur un cheval dont les désirs le dépassent d'une manière ou d'une autre.

Il y a en moi un autre (ce « dedans » n'ayant de réalité que métaphorique, car le psychisme n'est pas « en » moi – et pas plus « dans » mon cerveau), un étranger qui est moi sans l'être.

Freud a utilisé des images spatiales pour décrire l'appareil psychique. Il y aurait un « Ça », réservoir de l'inconscient, lieu de la pulsion [1] présente sous la forme des affects et des mots qui la représentent. Il y aurait un « Moi », en grande partie conscient, socialisé et cherchant à s'adapter à la réalité. Raisonnable, fonctionnant selon le « principe de réalité », le moi « sait » que tout désir doit passer par les fourches caudines de la morale et de la réalité

1. La pulsion (différente de l'instinct), qui est d'origine interne et de force constante, se manifeste par une excitation corporelle, elle-même productrice d'une tension qui, dans le meilleur des cas, trouve à se décharger grâce à un objet (dans le sens racinien : grâce à l'objet de sa flamme). Plus généralement, Freud donne le nom de « pulsion » aux forces inconscientes génératrices des tensions qui nous mobilisent.

pour trouver une satisfaction qui sera toujours partielle. Il est flanqué de deux acolytes qui, pour rester inconscients, n'en sont pas moins actifs : l'« Idéal du moi » lui indique ce qu'il doit faire et comment il doit être, le « Surmoi » est le grand interdicteur, l'« instance judiciaire du psychisme », souvent féroce sans raison. Freud l'appelle la « grosse voix ». Tous deux sont intégrés au cours de l'éducation.

Ainsi le moi est-il pris en conflit entre les exigences de la société et du monde et les exigences de pulsions inconscientes qui n'ont rien de raisonnable. Conservées dans ce grand réservoir qu'est le Ça, elles cherchent à se satisfaire de façon permanente et par tous les moyens : elles ne connaissent que le « principe de plaisir ». Ces pulsions sont intemporelles, c'est-à-dire qu'un désir que nous avons pu refouler dans notre petite enfance vit en nous à l'état inconscient comme au premier jour et cela jusqu'à notre mort – que l'inconscient ignore car il est dans un éternel présent. Les représentants de choses et de mots par lesquels elles s'expriment s'organisent selon une logique qui n'a rien à voir avec la rationalité à laquelle s'efforce le Moi. On appelle les grandes figures de cette logique de l'inconscient les « processus psychiques primaires ». Sommairement, on peut dire que l'inconscient ignore la négation et toute contradiction logique : on peut aimer la propreté parce qu'elle rappelle la saleté. Pour lui, les choses sont comme il les désire : la réalité psychique est la réalité tout court. Il fonctionne également selon les mécanismes de la « condensation » et du « déplacement ». C'est sans doute dans les rêves que l'on peut le plus facilement observer cette curieuse logique, et également dans les lapsus. Mais elle est sans cesse, inconsciemment, à l'œuvre.

Par le déplacement, l'investissement d'une représentation peut glisser sur une autre qui lui est contiguë : un élément en signifie un autre, ce qui permet tous les travestissements : plutôt que d'aimer ma voisine, je vais aimer son chat... Un mécanisme que Jacques Lacan rapproche de la métonymie : on désigne un objet par une de ses parties, par une chose qui lui est rapprochée. Le déplacement peut aller jusqu'à représenter une chose par son contraire.

Dans la condensation, une représentation est un feuilleté de représentations, elle en signifie plusieurs en même temps : ma voisine est le chat gardien de la nuit de tous les amours.

Ainsi la pulsion est-elle sans cesse à l'œuvre, guettant la moindre faiblesse du moi, « ce pauvre naïf ». Elle cherche à tromper sa vigilance par le moyen des déguisements de la condensation et du déplacement – auxquels, dans sa rationalité toute simple (pour lui, un chat est un chat !), le Moi ne comprend rien... Pour Freud, le Moi n'est qu'« clown de cirque qui, par ses gestes, cherche à persuader l'assistance que tous les changements qui se produisent sont des effets de sa volonté et de ses commandements ». Est risible, en effet, son illusion de dominer malgré tout !

La psychanalyse nous a donc apporté une nouvelle vision où le sujet, maître de soi et du monde, se trouve réduit à une facétie, à la clownerie d'un qui ne se sait pas étranger à lui-même. Alors que, on l'a vu, notre impuissance native nous met en position de dépendre totalement d'un autre imaginairement omnipotent, dont la première figure est la mère. Ce premier autre – auquel succédera le père comme autre de cet autre, c'est-à-dire comme celui que la mère désire, et qui lui fait ainsi la loi – va former la voix de l'inconscient. On pourrait dire que c'est la voix de l'autre en moi, la voix de son désir auquel j'ai la passion de me conformer.

Reconnaître le pouvoir de l'inconscient, c'est accepter d'être guidé par son désir et son plaisir, tout en cherchant à en déjouer les méprises et en connaître les limites. Alors que nier ce pouvoir et vouloir rester dans la maîtrise se fait toujours au prix d'un sacrifice : tout contrôler implique de renoncer à la jouissance, à laquelle on ne peut accéder qu'en acceptant de perdre le contrôle.

C'est également avoir l'intelligence de ne pas en rester aux apparences : sous ce qui est manifesté se trouve un contenu latent qui peut être déterminant. C'est pourquoi les certitudes sont à creuser, jusqu'à trouver l'assurance d'un désir qui restera en partie informulé parce que inconscient, mais dont la présence permet d'être en accord avec un soi-même qui restera toujours en partie énigmatique. C'est donc substituer à la tranquillité d'un monde déjà balisé, où il n'y a que des choses à reconnaître parce que déjà connues, un monde à découvrir, source de surprises et d'aventures.

C'est savoir aussi que nous ne sommes pas une unité logiquement cohérente, mais multiple. C'est entrer dans la logique de la contradiction et du conflit entre des pulsions contraires, telle que l'on n'aura jamais la paix ! Car la dynamique psychique est faite de conflits ; non de guerres mais d'un jeu d'interactions perpétuelles. Rien n'est jamais gagné... c'est-à-dire que rien n'est jamais vraiment perdu.

C'est donc assumer une certaine humilité, car quelque chose de l'inconscient... reste inconscient. Ce que Freud décrit, à propos du travail de la cure : « C'est une tâche civilisatrice qui ressemble à l'assèchement du Zuyderzee », un travail dont on ne voit pas la fin, car les digues du moi s'effondrent sans cesse, et les vagues des pulsions inconscientes reviennent inlassablement. C'est dire que si certaines de ses formations peuvent être analysées, l'inconscient se renouvelle sans cesse ; et certains éléments restent refoulés à jamais.

Tel est le paradoxe : accepter l'inconscient, cette part inconnue de nous-mêmes, c'est acquérir la capacité d'être moins agi par lui... C'est l'acceptation de cette limitation, et le renoncement à la toute-puissance qu'elle implique, qui nous ouvre le monde.

On ne naît pas tout seul

La psychanalyse nous montre également que c'est par l'autre que nous existons... avant même d'exister. En effet, le désir d'enfant de nos parents nous a placés sur une trajectoire avant même notre naissance, il nous a offert des dispositions qui forment ce que l'on pourrait appeler un « héritage psychique », un bagage avec lequel nous allons construire notre entrée dans la vie. Cet héritage s'étend jusqu'à l'histoire des générations précédentes. On peut constater qu'il existe, en effet, une transmission que l'on qualifie de « transgénérationnelle ». Curieusement, nos désirs, nos réussites, nos accidents, parfois notre mort peuvent répéter des événements qui ont eu lieu il y a plusieurs générations, notamment lorsqu'il y eut dans le passé une mort violente (accident, meurtre commis ou subi) sur laquelle un secret a été posé. La légende des fantômes trouve peut-être là une origine : tant qu'un mort n'a pas été enterré, c'est-à-dire tant que le deuil n'en a pas été fait, ou qu'un pardon n'a pas été donné, un événement ancien peut venir « hanter » les générations suivantes.

III

L'école de la fragilité

C'est en perdant que l'on gagne

À chacune des étapes qu'il franchit, de sa conception jusqu'à l'âge adulte, c'est en perdant que l'individu gagne. À chaque fois, il doit renoncer à des plaisirs et à leurs objets pour découvrir un nouvel univers. Ce que Françoise Dolto appelle des « castrations symboligènes » : chaque renoncement est en effet vécu comme une mutilation, en même temps il permet de franchir un pas vers le symbolique, c'est-à-dire de passer de la simple immersion dans un affect (qui aurait quelque chose à voir avec un état animal) à un vécu ayant un sens humain, du fait d'être passé dans le langage, et d'être ainsi devenu objet d'échange avec autrui. Lacan a cette formule : « Le sujet s'humanise en se faisant reconnaître[1]. »

On pourrait comparer le psychisme humain à un terrain où l'on retrouve tous les âges de la formation du sol, avec au fond les époques les plus anciennes, à partir desquelles se sont élaborées les plus récentes. Une coupe géologique montre qu'aujourd'hui toutes ces couches subsistent. C'est dire que, dans le présent, l'ensemble du passé reste là, enfoui mais actif. Ce qui est inconscient en nous vit hors du temps, dans un éternel présent.

La coupure ombilicale et la naissance au monde

La coupure du cordon ombilical illustre la castration que représente la naissance. Avec la perte de l'état fœtal, l'enfant perd la mère comme contenant nourricier, respiratoire et porteur. Il perd un monde aquatique où il fai-

1. *Fonction et champ de la parole et du langage*, dans *Écrits 1*, Le Seuil, coll. « Points », 1999.

sait toujours chaud, où il n'éprouvait pas de besoin, où il baignait dans une présence telle qu'il ne faisait guère de différence entre lui et sa mère. Il vit ce qu'Otto Rank a décrit dans « Le traumatisme de la naissance »[1], qu'il tient pour une des sources des névroses. C'est que nous ne surmontons pas toujours l'angoisse primitive de la naissance. Cette angoisse peut même être réactivée tout au long de notre vie par des pertes ultérieures.

À cette menace de fragilité que représente la naissance, il nous arrive de répondre par la volonté d'être plus fort que tout. Otto Rank l'a retrouvé dans les mythes aussi divers que ceux de Gilgamesh, Moïse, Héraclès ou Œdipe. Dans ces mythes, l'enfant est en butte aux persécutions d'un père décidé à ne pas le laisser venir au monde. Il devient un héros en supprimant son père et en reconquérant la mère perdue. C'est dire que le héros réussit à surmonter le traumatisme de la naissance pour retourner à la situation intra-utérine.

1. *Le Mythe de la naissance du héros, suivi de La Légende de Lohengrin*, Payot, 2000.

En naissant l'enfant déplie ses poumons pour aspirer l'air qui ne devra plus lui manquer, il découvre le poids de la terre, il découvre la faim. Triste sort que cet état de détresse que nous avons décrit... Il est pourtant source de bienfaits. L'habitat utérin, au neuvième mois, commençait à être trop étroit, et la naissance représente un formidable élargissement de l'univers, dans lequel il deviendra possible d'être actif et de se déplacer. En résumé, la naissance ne donne rien de moins que le monde physique et le monde humain !

Pourtant la nostalgie perdure... La fragilité que représente la perte de la vie intra-utérine va nourrir le désir inconscient de retour au ventre maternel, lequel va connaître de multiples métamorphoses, sous forme d'équivalents symboliques de ce premier contenant : recherche du cocon protecteur dans l'habitation, le vêtement, le sommeil « réparateur du cordon », et également avec le partenaire sexuel...

La castration du sevrage et la libération de la bouche

Le nourrisson n'a pas entièrement perdu la toute-puissance dans laquelle baignait le fœtus. Par le fantasme, il confond encore le corps de sa mère avec le sien, il se fait maître du sein, qu'il vit comme faisant partie de lui. Sa mère se révèle sensible à ses cris, qui sont pour elle autant de demandes qu'elle cherche à satisfaire.

Mais la réalité vient troubler cette béatitude imaginaire. Il arrive que le sein n'arrive pas en temps voulu, ou que la tétée s'interrompe. La mère circule, s'absente, bref elle n'est pas toujours à la disposition de l'enfant. Elle laisse parfois la place à d'autres personnes qui viennent la relayer. La colère impuissante que l'enfant connut à la naissance, et qui est sans doute à la source de toutes les haines ultérieures, vient à ressurgir, contre le sein cette fois.

Habituellement, la mère ne se contente pas de satisfaire les besoins de son enfant, elle engage vite avec son bébé les divers et multiples jeux de la parole, auxquels l'enfant est mystérieusement sensible. Alors qu'il n'a pas encore intégré le langage, le fait qu'on lui parle lui permet de résoudre ses angoisses, qui se manifestent surtout par le corps, à cet âge. « Ce qui importe, dit Françoise Dolto, ce n'est pas tant la parole émise que la complicité des êtres de parole au-delà des corps et des formes visibles ou invisibles, c'est le ressenti complice de sujets par-delà la séparation des corps individués [1]. » Les mots du quotidien, à force d'être répétés, vont instaurer une continuité au-delà des présences et des absences de la mère. Les mots que sa mère lui a dits pour le calmer, en lui donnant à téter, ses tons et ses modulations, l'enfant conservera tout cela, définitivement enregistré. Il cherchera à en reproduire les sons, suscitant ou ressuscitant ainsi le moment où, entendant ces mots prononcés par sa mère, il a trouvé une réponse à son désir. Ce sera pour lui une façon de traverser les temps de l'absence maternelle, et de supporter la disparition du sein.

1. *Tout est langage,* Gallimard, 1995.

Si le sevrage ne réussit pas, l'enfant se voit brutalement privé d'une partie de son corps imaginaire (« son » sein accolé à sa bouche), cette amputation perturbe l'investissement et le fonctionnement de sa bouche, de sa gorge, de son nez. Il peut alors tenter de récupérer cette partie de son corps en régressant au temps où elle baignait dans le liquide amniotique : son nez par exemple coulera, il sera souvent enrhumé, il sucera son pouce ou il souffrira de troubles du langage, etc.

Si le sevrage est réussi, que va gagner l'enfant à perdre la maîtrise du sein, et le corps à corps avec la mère ? La possibilité d'une relation à distance. Le bébé découvre que ses cris, ses lallations, ses gazouillis comme ses gestes (frapper, jeter les objets...) ont un effet sur son entourage. Il découvre ainsi la communication. Il abandonne son premier mode de pensée, où dans la confusion entre réel et imaginaire il hallucinait le sein absent, pour un mode plus élaboré où la langue (dite justement « maternelle ») prend la suite de la présence de la mère. Ainsi le sevrage réussi permet-il à l'enfant d'accepter de perdre la domination du sein pour exister séparé de sa mère, pour commencer à parler et devenir capable de développer avec autrui des relations à distance dont il tirera du plaisir.

La castration anale et la découverte de l'autre

Le temps de la castration anale est celui où l'enfant apprend à se contenir et à se soumettre à des interdits. Quand l'enfant se lève et marche, il a acquis la motricité qualifiée de « volontaire » : il peut se déplacer, prendre un objet... Il peut également exercer son contrôle sur ce qui lui parut d'abord une partie de soi, et qu'il appelle « caca » ; il peut maintenant le donner à volonté, c'est-à-dire aussi en priver s'il le souhaite. Il a appris à « se retenir ».

Avec l'autonomie musculaire, il imagine pouvoir devenir comme les géants qui l'entourent, ses parents tels qu'il les fantasme : il va devenir maître du monde et imposer sa volonté sur tous. Il va être l'enfant absolu qui ne connaît que son bon plaisir.

À deux ans environ, même s'il a perdu le

sein, l'enfant reste dans une toute-puissance imaginaire où il est (presque) le tout de sa mère. C'est pourquoi il utilise ses muscles désormais à son service pour imposer sa volonté, qu'il estime sans limite : il est naturellement libre. Il ne connaît ni les lois ni les interdits, il ne connaît encore que lui et se trouve incapable d'imaginer autrui comme un autre lui-même auquel s'identifier. C'est pourquoi il peut le faire souffrir sans frémir, et y trouver un certain plaisir.

Si le monde physique s'oppose à sa volonté en le heurtant, en le blessant, il vient protester auprès de sa mère. Et si elle lui interdit quelque chose, il commence par la battre pour la faire changer d'avis.

C'est parce que nous avons dû nous soumettre à des interdits qui nous ont été imposés et renoncer à notre volonté de toute-puissance que nous avons pu (plus ou moins) sortir de cet état. On a su nous montrer que ces limitations étaient bénéfiques. Ce que nous avons cru parce que ceux qui nous contraignaient étaient aussi ceux que nous aimions. Parce que nous tenions à l'amour et à la protection de nos parents qui nous ont aidés à survivre, nous avons accepté d'intégrer ce qui d'abord nous a déplu. Nous avons appris à utiliser notre agressivité sans nuire à autrui, à la sublimer dans des actions acceptables socialement de compétitions et luttes diverses. Nous avons intégré le premier des interdits : tu ne tueras pas. C'est en passant par là que nous nous sommes adaptés socialement. Nous avons découvert le commerce avec autrui, c'est-à-dire que nous avons acquis la capacité d'échanger avec lui des mots, des objets, des plaisirs, et de le traiter comme on aimerait soi-même être traité.

Le libéralisme comme refus des castrations anale et orale

On l'a dit, le bébé se rêve maître du sein, qu'il s'approprie en l'assimilant à son corps, et la première propriété qu'il acceptera de donner à sa mère, c'est son excrément (l'or, propriété des propriétés, est souvent symbolisé par les excréments dans nos rêves : pour l'inconscient, ce qui a le moins de valeur est comme ce qui en a le plus). La consommation renvoie donc à cet âge de l'oralité et de l'analité que nous avons évoqué, elle est une question de bouche et de rassasiement, le bonheur résidant dans un comblement dont le bébé en digestion est la figure. Comme l'homme riche, il est plein (ne dit-on pas « être plein de fric » ?), son obésité passagère lui détend les traits, il sourit vaguement... rien à voir avec la satisfaction sexuelle qui, au contraire, allège. Charles Melman a cette formule : en société libérale, « la fabrication d'objets aptes à satisfaire les orifices corporels est devenue une exigence[1] ». Elle vise des jouissances orificielles dont Freud disait qu'elles pouvaient primer sur la jouissance sexuelle. Alors, tout orifice est traité comme une bouche : pour la bouche, donc, le chariot du supermarché et la grande bouffe ; pour les yeux, le flux permanent des images ; pour les oreilles, la salade du son permanent (auto, télé, musique) ; pour le sexe, la consommation pornographique des corps.

Notre culture libérale nous inscrit dans ce

1. *L'Homme sans gravité*, Denoël, 2002.

registre du besoin où il est question de faire d'un bien sa propriété afin d'en disposer ; schéma qui nous renvoie à une logique orale et digestive où il est question de prendre et d'avaler. Ce registre du besoin doit être distingué du registre du désir.

L'apparition du sexe, ou la castration primaire

On pourrait estimer que, passé les quatre premières années, les épreuves sont terminées... Les plus importantes restent à franchir. Il arrive un jour où le petit garçon, la petite fille, se rend compte que si, vu de dos, tout le monde est pareil, il n'en est pas de même vu de face. Pour des raisons qui tiennent en partie à notre culture encore phallocratique, l'enfant a cru jusqu'alors que tout être humain (y compris, voire surtout, sa mère) était pourvu d'un pénis. Voilà qu'avec la découverte de la différence des sexes, tout enfant se trouve face à la castration : le petit garçon s'inquiète de ce qui pourrait aussi lui arriver, et la petite fille s'interroge sur ce qui lui est déjà arrivé.

L'un comme l'autre découvrent comment on fait les enfants : le garçon apprend qu'il ne pourra pas faire comme sa mère, il n'aura pas de bébé dans son ventre. Et le fantasme de parthénogenèse, selon lequel les hommes devraient faire naître des garçons et les femmes des filles, tombe : l'homme comme la femme dépendent d'un autre pour concevoir un enfant. Impossible de le faire seul, il faut en passer par le désir d'un autre.

Enfin la découverte de la conception implique celle de la mort : s'il y a un début avec la naissance, il y a donc aussi une fin. C'est en même temps la découverte du temps, qui passe malgré notre volonté : nous sommes jeunes, puis adultes, puis vieux. L'homme marche d'abord à quatre pattes, puis à deux, puis à trois, répondra Œdipe à la sphinge.

Leçons capitales qui ouvrent au registre de l'autre comme différent de soi : l'autre sexe est définitivement étranger, on ne le connaîtra jamais entièrement, il restera une énigme impossible à cerner – impossible à maîtriser. Poser un autrui différent de soi, c'est donc sortir du registre du pouvoir : il est impossible de dominer autrui car on ne pourra jamais réduire son altérité.

Ce que la biologie moderne permet de redéployer, c'est justement le vœu d'immortalité, et le fantasme de la parthénogenèse par le clonage. Dans nos recherches biotechnologiques, nous cherchons à nier la différence des sexes, et avec elle la leçon d'incomplétude et de vulnérabilité qu'apporte l'expérience de la castration primaire.

La perte œdipienne et l'amour de tous

À environ cinq ans, tout est en place pour que nous découvrions ce que Marguerite Duras a appelé la « maladie d'amour » : nous allons connaître notre premier grand amour, et devoir y renoncer. La manière dont nous allons franchir cette épreuve marquera définitivement le reste de notre vie, à savoir qu'il faudra apprendre à « faire avec » ce qui se sera passé à cet âge. Nous saurons dès lors que tout amour est fragile, qu'il n'est pas une donnée naturelle à consommer, mais un don précieux à cultiver. Il n'en faut pas moins pour véritablement aimer un autre dans sa personne, et ne pas se contenter de lui réclamer notre dû, comme on a pu le faire au temps du biberon !

Par ailleurs, l'expérience de la perte du premier grand amour conduit au développement de l'esprit. À six ans, l'enfant est en plein dans ce travail de deuil, il vient de faire l'expérience (en principe) de l'effondrement de sa toute-puissance imaginaire, il se trouve dans une phase de remaniement essentiel. C'est à cet âge qu'il entre à l'école et qu'il commence à apprendre, le plus souvent avec une soif évidente. C'est que, fragilisé, voire déprimé, il est amené à se poser des questions proches de celles que nous nous posons lorsque, adultes, nous vivons une rupture amoureuse : pourquoi cela n'a pas marché ? En quoi avons-nous failli ? Qu'est-ce qu'il aurait fallu faire ? Qu'est-ce qu'il faut changer en nous ? La perte amoureuse nous conduit à penser.

En acceptant de ne pas être aimés par notre parent comme nous l'aurions souhaité, nous sommes amenés à chercher ailleurs que dans le cercle familial. Ce qui correspond à une nouvelle naissance : la « sortie de l'œdipe », comme on dit, c'est également la sortie de l'utérus psychique que constitue l'« entre soi » familial, et la découverte du monde social. Voilà une fameuse ouverture de perspective ! Alors, on peut dire que nous devenons véritablement humains.

On connaît l'œdipe du garçon. À partir de quatre ans environ, son amour pour sa mère se transforme et devient sexuel. Il souhaite satisfaire avec elle ses appétits génitaux, ce qui le plonge dans une situation que l'on qualifie de « complexe ». C'est que, dans le meilleur des cas, sa mère déclare en aimer un autre ; un autre qui s'oppose à l'amour incestueux du fils, et veut faire de son interdiction une loi. La solution s'impose : éliminer ce tyran. Situation complexe, donc, car le fils aime ce père qu'il hait... On sait que le fils sort de cette impasse en renonçant à prendre la place du père. Il fera comme lui, avec une autre femme que sa mère. En renonçant à sa mère, il gagne toutes les autres femmes. Et il s'identifie à son père, il reconnaît l'interdit de l'inceste comme une loi, le modèle de toutes les lois auxquelles tous les humains sont soumis, dont son père. C'est dire qu'il pourra à son tour, comme l'a fait son père, représenter la loi sans se prendre pour celui qui l'édicte.

Voilà une double leçon de fragilité. D'une part, son amour pour sa mère n'a pas vaincu les montagnes, il a dû y renoncer (ce qui par ailleurs le soulage, car il se sentait asservi à elle, et il ne se jugeait pas à la hauteur de la situation, il n'aurait jamais pu satisfaire ses désirs) ; d'autre part, il se reconnaît soumis à la loi, il accepte d'exercer ses pouvoirs dans un cadre qu'il n'a pas lui-même défini. Il y gagne de devenir une part intégrante de la communauté humaine.

La fille arrive au même résultat par des voies qui lui sont propres. Découvrant la différence des sexes, elle constate que pour elle c'est déjà fait : elle est dépourvue de l'appendice. Elle se tourne alors vers sa mère, pour constater qu'elle aussi est dépourvue du pénis qu'elle envie. La déception qui en résulte est à la source des dévalorisations de la mère et des reproches qu'elle lui adresse. Elle se tourne alors vers son père, celui qui ravit tellement sa mère. Ce qui lui manque, elle veut qu'il le lui donne – sous la forme d'un enfant, équivalent symbolique du pénis, car elle souhaite « se marier » avec lui. Mais celui qu'elle désire est celui-là même qui exprime l'interdit de l'inceste. Il lui faut donc l'avoir malgré lui : elle va tenter de le détourner de la loi en le séduisant. Elle va rester longtemps dans l'attente (active !) du père : elle va grandir pour lui, apprendre pour lui. Ce n'est que petit à petit qu'elle va s'en détourner. Elle lui restera attachée tant qu'elle n'aura pas connu la jouissance avec un amant.

IV

Les crises normales

C'est dotés de ce bagage psychique, à partir de ce que nous avons résolu, et moins résolu que nous allons vivre ce que nous pourrions appeler les « crises normales de la vie », à savoir celles que l'on est le plus souvent et le plus naturellement conduit à traverser. En effet, traverser l'adolescence, s'inscrire dans un couple, faire naître un enfant, voir naître un petit frère ou une petite sœur, voir ses proches disparaître sont des moments de crise. À chaque fois, il faut accepter de perdre ses anciens repères, sa place dans la famille et dans l'ordre des générations. À chaque fois, c'est en acceptant le bouleversement, en acceptant l'épreuve de la fragilité que l'on peut en faire un moment de maturation. Alors que le refus de prendre en compte la crise conduit à une rigidité source de souffrances, de symptômes visant à préserver un équilibre précaire qui se révèle forcément toxique et illusoire.

La naissance d'un puîné, ou le danger de la régression

Si la naissance d'une petite sœur ou d'un petit frère a été annoncée, le premier mouvement de l'aîné est d'aimer le nouveau venu comme le font les parents. L'arrivée du puîné le plonge pourtant dans la perplexité. Jusqu'alors, aimer les parents c'était vouloir être comme eux, vouloir grandir. Or, voilà qu'ils s'extasient devant un avorton qui mange sa mère et fait caca dans ses couches ! Pour être aussi aimé (et combien il a peur de ne plus être aimé !), faut-il être cette petite chose incapable de marcher et de parler ? L'aîné se trouve désavoué dans son désir de grandir, il croit qu'il lui faut régresser pour être aimé, et aussi pour entrer en communication avec son puîné.

Il se met à parler bébé, mouille à nouveau son lit, perd son autonomie...

Pour se tirer de ce mauvais pas, l'aîné peut un temps feindre d'ignorer le petit, et pour cela montrer une étonnante insensibilité dont il n'y a pas à s'inquiéter. Quand enfin il exprimera son agressivité, quand il pourra la dire plutôt que l'agir, les parents peuvent être soulagés, et accueillir cette mauvaise humeur sans chercher à la réfréner par quelque belle moralité. L'enfant va de lui-même faire un travail intérieur, car il aime autant qu'il hait son petit frère ou sa petite sœur.

Cette élaboration psychique consiste à intégrer le fait que l'on peut aimer quelqu'un qui n'est pas comme soi, ou mieux que soi comme le sont les parents, que l'on peut aimer un « plus petit » (dans tous les sens du terme) sans être « comme lui » ; à accepter qu'un autre pense autrement que soi sans se sentir en danger, remis en cause dans son être ; à comprendre enfin que l'on peut être autrement qu'un autre sans être en conflit avec lui. Il s'agit donc de lier amour et différenciation. Et de comprendre aussi, comme le disait Françoise

Dolto, que lorsqu'un autre enfant arrive, il n'y a pas moins d'amour pour lui, mais plus d'amour dans le cœur des parents, pour tous les deux. Et lorsqu'un troisième enfant arrivera, l'aîné observera, avec l'air de celui qui sait, son puîné traverser les mêmes épreuves...

L'adolescence, ou le temps de la désillusion

La crise de l'adolescence n'est pas seulement due au phénomène organique de la puberté et à l'apparition d'une sexualité adulte. Car l'adolescence, cette période de passage de l'enfance à l'âge adulte, est récente. Elle est apparue à la fin du XIXe siècle, à l'entrée dans l'ère industrielle, suite à la massification et la prolongation de la scolarité, qui a provoqué un retardement de la mise au travail, et à une nouvelle sensibilité relative à l'enfance, que manifeste la législation sur la protection de l'enfance. Auparavant, on entrait directement dans l'âge adulte, en passant parfois par un rituel d'initiation.

Dans ce temps intermédiaire de prolongation forcée dans un état d'enfance qui n'est pourtant plus le sien, l'adolescent se trouve fixé à ce que l'on pourrait appeler le « temps de la désillusion », sans avoir la possibilité d'en sortir.

Vers l'âge de six ans, l'enfant a renoncé (plus ou moins) à son vœu œdipien, il n'attend plus que son père ou sa mère l'aime d'amour. Du coup, c'est l'amour en entier qui ne l'intéresse plus : il refoule tout ce qui y a trait, il entre dans une phase de latence de sa sexualité. C'est la puberté qui l'en fait sortir et l'amène à revivre ses souhaits œdipiens, cette fois en toute capacité de les satisfaire. Dans la mesure où les conflits œdipiens ont été bien réglés dans la petite enfance, il en accepte le caractère déréel. Car il n'idéalise plus ses parents comme il le faisait enfant, ils ne sont plus le roi et la reine du monde, et ne sont plus dotés de toutes les qualités. Alors, il ne perd pas seulement un objet d'amour infantile, mais aussi tout ce que celui-ci soutenait : rien de moins qu'une vision du monde, des idéaux. Ce qui s'effondre avec la perte œdipienne de l'adolescence, c'est l'idéal sur terre réalisé par les parents. Les certitudes disparaissent, l'adolescent ne croit plus à rien. Au moment même où les pulsions infantiles ressurgissent : celles du stade oral se manifestent dans l'avidité sur tous les plans, parfois jusqu'à des formes de boulimie ou d'anorexie ; celles du stade anal s'expriment dans l'agressivité et l'opposition à ce qui renvoie de près ou de loin à l'ordre et au pouvoir. L'adolescent connaît donc un état de fragilité absolue. Parce que, pourrait-on dire, il est en période de mue, de métamorphose ; comme un homard qui vient de perdre sa carapace, selon l'expression de Françoise Dolto. Alors il va chercher un refuge et de nouveaux repères auprès de ceux de son âge, avec lesquels il constitue un groupe dont il cherche à faire une nouvelle tribu (on peut s'inquiéter d'un adolescent qui s'isole en permanence).

Les parents eux aussi connaissent un remaniement qui les fragilise, qui peut les conduire à mal tolérer les bizarreries de l'adolescence, et à considérer comme pathologiques des troubles qui ne sont que passagers.

Au niveau de l'expression de soi, la crise

adolescente s'exprime selon trois étapes. Vient d'abord le temps de l'opposition, aussi douloureux pour l'adolescent que pour son entourage : il ne se reconnaît plus dans les idéaux parentaux, et pourtant il sent qu'il a envie de retourner dans ce cocon de sécurité. Il tranche ce conflit par l'agressivité, qui s'exerce donc autant contre lui – contre son désir de régresser au giron de ses parents – que contre eux. Quand enfin il a fait le vide, ce qu'il vit avec angoisse, il cherche à se créer un nouveau moi ; tout d'abord sur un mode imaginaire, irréaliste. C'est en général quand il fait le choix d'un partenaire amoureux dans la durée qu'il commence à s'identifier aux adultes, cette fois de façon active, et non plus sur le mode passif de l'enfance.

La sexualité de l'adolescent passe elle aussi par quatre étapes qui sont autant de modes sexuels qui perdureront plus ou moins dans sa vie. À l'âge de la bande des copains, ou des copines (toujours du même sexe), l'adolescent vit une homosexualité de groupe, souvent plus affective que physique. Puis il s'attache à quelqu'un du même sexe, son confident, son double idéalisé, avec lequel il peut connaître une relation homosexuelle transitoire ; l'ami(e) finit par être dévalorisé(e), souvent à l'occasion d'un premier flirt hétérosexuel. Vient alors le temps des bandes mixtes, où les relations amoureuses et sexuelles se font et se défont ; l'adolescent expérimente la séduction, et aussi les affres de la passion passagère, du questionnement sentimental. Jusqu'à l'instauration d'un couple dans la durée.

Ces métamorphoses reprennent les scénarios qui ont été bâtis pendant l'enfance, elles résultent de la façon dont, enfant, il a pu élaborer ce que nous avons appelé les castrations symboligènes (orale, anale, primaire, et surtout œdipienne). Il doit en repasser par là pour dépasser son état ancien et devenir nouveau, devenir un individu qui va parler à la première personne sur un mode différent de celui de l'enfant : il dira pleinement « je », il sera un sujet de droit (il sera reconnu comme tel) et de devoir (il va reprendre à son compte les lois de la société où il vit). En ce sens, l'adolescence constitue une nouvelle naissance du sujet à l'espace social adulte. Elle requiert, selon

Freud, de « surmonter l'autorité des parents » et de « retirer la tendresse qu'on leur vouait », du moins cette tendresse trouble dont la sexualité n'est jamais absente.

Le couple et le conflit de loyauté

Dans le couple, l'objet d'amour recherché s'inscrit dans l'histoire du sujet. La relation de couple poursuit la relation enfant/parent... et hérite de ses conflits non résolus, notamment ceux qui ont trait à l'œdipe.

Tout commence par une lune de miel, comme on sait. L'objet d'amour est idéalisé au point d'être confondu, inconsciemment, avec le premier objet. Pour la femme comme pour l'homme, l'aimé(e) est alors doté(e) des qualités d'une mère tout-aimante et toute-puissante. La construction du couple s'établit ainsi non pas sur la personne mais sur une image idéalisée de l'autre, avec un refus du réel. Ce qui rend inévitable le temps de la désillusion, et de la crise. Une crise créatrice de mutation quand elle s'achève bien.

L'un et l'autre sont confrontés à la brutale externalité de l'objet du désir amoureux. Il faut faire avec le désir de l'autre, un autre dont on dépend affectivement. Un autre aussi qui remet en question tout ce qui allait de soi, une tradition familiale dont on participait sans le savoir. C'est qu'un couple, c'est aussi la rencontre de deux familles : de leurs cultures, de leurs idéaux. En ce sens, la création du couple, c'est en même temps une crise identitaire pour chacun de ses membres. Car il faut lâcher le modèle que représente sa famille pour créer sa propre famille... et donc lâcher ses parents. En ce sens, la création du couple entraîne un conflit de loyauté entre sa relation à ses parents et sa relation à son partenaire.

L'histoire du couple est une série de cycles répétitifs formés de temps d'idéalisation puis de phases de deuil constamment renouvelées. L'issue de la crise est parfois négative : le couple se défait quand les partenaires restent dans l'agressivité, et désinvestissent le partenaire. Sinon, il faut que chacun apprenne à recréer autrement le lien conjugal. On connaît le fameux « Je vais changer ! »...

encore faut-il qu'il soit suivi d'effet, ce qui demande un travail psychique profond. Il arrive aussi que la crise se dénoue par la conception d'un enfant.

La naissance d'un enfant et le changement de génération

C'est par la naissance de l'enfant qu'un couple d'amants devient père et mère, soit un saut de génération et, pourrait-on dire, un « précipité d'identification » : le père et la mère, maintenant, c'est eux ! Ils ont réalisé leur vœu œdipien... avec un autre que l'objet d'amour premier. Alors chacun retrouve en lui tel ou tel trait de son parent du même sexe, à son grand étonnement. Et découvre chez son partenaire des traits de sa belle-mère ou de son beau-père...

En même temps, chacun va projeter son vécu infantile dans le trio et rejouer aussi son scénario vis-à-vis du couple parental que constituent l'enfant et le partenaire. Le père va rejouer avec sa femme ce qu'il a joué avec sa mère, et la mère avec son compagnon ce qu'elle a joué avec son père. Le père va se sentir souvent exclu du couple mère-enfant, la mère du couple père-enfant, souvent un peu plus tard. Le couple va devoir trouver une issue à cette rivalité.

Pour la mère, la naissance d'un enfant est une expérience de profonde mutation. C'est le moment où elle fait la pleine expérience de ce sexe qu'elle sait avoir à l'intérieur d'elle-même mais qui reste mystérieux. C'est aussi le moment où elle revit sa propre conception : elle est en quelque sorte sa mère enceinte d'elle-même, dans son ventre à elle. Elle en rejoue les bonheurs, et aussi les impasses éventuelles. C'est de cette expérience, autant que de son lien à son compagnon, qu'elle tire la capacité de ne pas garder son enfant pour elle, dans son corps physique mais aussi psychique, pourrait-on dire[1]. Pour le pédiatre Aldo Naouri, il arrive souvent aux mères de refuser « métaphoriquement à leur enfant la toute

1. Sur ce sujet, on peut lire Tamara Landau, *L'Impossible Naissance ou l'enfant enclavé*, Imago, 2004.

simple possibilité de sortir d'elles, le condamnant ainsi à demeurer à jamais dans leur niche utérine extensible à l'infini[1] ». Dans le couple de l'enfant-roi et de la mère-reine ainsi constitué, l'un comme l'autre souffrent. Il faut un tiers pour mettre du jeu dans cette relation : c'est le rôle du père (pour autant que la mère l'accepte).

La grossesse, on le sait, est l'affaire de la femme : le père a fait son œuvre, on n'a plus besoin de lui ! C'est pourquoi les divers techniciens, le plus souvent féminins, qui accompagnent la mère dans sa grossesse et son accouchement ne semblent pas faire grand cas du père. Alors que ce père vit, lui aussi, une importante mutation psychologique, le plus souvent sans disposer de repères.

Pourtant, il arrive aux pères d'être imaginairement enceints : ils ont des maux de ventre, des nausées, des prises de poids, des migraines. C'est qu'ils revivent le renoncement par lequel ils ont dû passer petits garçons : ils n'ont pas

1. Aldo Naouri, « Un inceste sans passage à l'acte », dans *De l'inceste*, Poches Odile Jacob, 2000.

d'enfant dans leur ventre. D'autres fois, les pères deviennent agressifs, querelleurs, ils se lancent dans des activités à risque. Ou bien ils fuient la situation en se réfugiant dans leur travail. D'autres encore connaissent une activité sexuelle qu'on peut qualifier de « frénétique ».

C'est que, comme la mère, le père est rappelé à l'ordre, celui des générations. Il était le dernier vivant, la vie c'était lui, comme le lui avaient laissé entendre ses parents. Son enfant prend cette place, lui rappelant son destin. Maintenant il est en première ligne devant la mort. Voilà ce que lui enseigne la naissance de son enfant. D'où le désir, qui viendra bientôt, de se prolonger à travers lui.

Les maladies et la mort, ou la valeur de la vie

Rien de plus normal que d'être malade. La maladie fait partie de la vie ; pourtant elle nous annonce à chaque fois notre mort à venir.

On sait que la mort est le scandale absolu,

en ce qu'elle vient borner notre désir inconscient de toute-puissance, que l'on appelle en psychanalyse notre « narcissisme primaire ». Par ce terme, Freud entend un état archaïque, indifférencié, c'est-à-dire renvoyant à un état où n'existe pas encore d'objet distinct de soi ; un état où le monde c'est moi et moi c'est le monde. Le versant psychique de ce que les biologistes appellent la « vie » : la capacité à s'autoproduire et reproduire. La vie utérine en serait l'archétype, que la naissance viendrait interrompre. Pour Freud, « la naissance représente le passage d'un narcissisme se suffisant absolument à lui-même à la perception d'un monde extérieur variable et à la première découverte d'objets[1] ».

Depuis toujours, donc, nous cherchons à nier la mort. Ce fut la tâche des religions, c'est aujourd'hui celle des biotechnologies, qui nous donnent à espérer qu'un jour nous échapperons à la mort comme à la sexuation. Nos cellules souches totipotentes devraient permettre

---

1. *Psychologie collective et analyse du moi*, dans *Essais de psychanalyse*, Payot, 1981.

de réparer infiniment notre corps, et nous pourrions nous reproduire nous-mêmes sans le concours de l'autre sexe.

Face à cette fragilité des fragilités, le ciel n'aide pas. Il faut s'aider soi-même, par le travail d'une sagesse personnelle à élaborer, d'une philosophie. Celle-ci consiste à intégrer la maladie et la mort dans la vie, à en faire une source de richesse intérieure. Alors, la maladie devient une expérience qui nous permet d'intégrer la valeur de la vie, l'occasion de ne plus vivre innocemment, comme malgré soi, mais avec une intensité maximale. Et c'est la perspective de la mort, une fois débarrassée de l'imaginaire qu'elle draine, qui donne une perspective pour vivre, car c'est ce que nous imaginons de la mort qui nous angoisse. La mort réelle n'est jamais que l'infime instant que nous ne connaîtrons jamais, entre le temps de vivre et le néant. Cette perspective de la mort permet de comprendre que l'on n'a qu'une vie : c'est cette limitation, cette castration de la toute-puissance, qui permet de la vivre pleinement. Car il n'y aurait rien de plus insupportable que d'être condamné à l'immortalité !

La mort de l'autre et le travail de deuil

La mort de l'autre est plus terrible : si nous sommes dans l'incapacité de vivre notre propre mort, nous vivons celle des autres. Nous sommes alors pleinement conscients de la finitude, il n'est plus possible de remettre à plus tard, de rester dans l'idée d'un progrès infini : nous sommes confrontés au « jamais plus », à la castration que cela représente.

Le deuil d'une personne aimée est toujours vécu sur un mode actif. L'inconscient a gardé sa mentalité primitive : dans notre imaginaire, en mourant l'autre pose un acte contre moi, il le fait exprès, il m'abandonne. Nous sommes donc amenés à lui en vouloir de nous faire « ce coup-là » ! Le survivant va donc avoir deux problèmes à régler : celui de l'abandon – et ce qu'il ravive de notre première expérience : comment avons-nous su élaborer, bébé, l'abandon de la mère ? – et celui de notre agressivité vis-à-vis de celui qui nous abandonne.

Comment s'élabore la perte de l'objet

aimé ? Le travail du deuil ? Avec sa disparition, les investissements libidinaux se trouvent libérés de l'objet, ils refluent sur soi et entraînent un désintérêt vis-à-vis du monde extérieur. L'endeuillé passe en revue ses souvenirs, dans la douleur. En même temps, chaque remémoration perd de son intensité : « Le moi, dit Freud, pour ainsi dire, est obligé de décider s'il veut partager ce destin [de la personne perdue] et, considérant l'ensemble des satisfactions narcissiques qu'il y a à rester en vie, se détermine à rompre son lien avec l'objet anéanti [1]. » Une autre façon de se défendre de la perte consiste à devenir comme l'autre : à incorporer quelque chose de lui, à le faire continuer en nous.

Le travail de deuil est accompli quand on accepte que l'autre n'existe plus et que les liens libidinaux soit dénoués. Accepter cette perte permet de le retrouver et de l'aimer autrement, dans la mémoire. Pour y parvenir, il faut avoir surmonté deux obstacles : la culpabilité liée au sentiment d'agressivité, présent dans la crainte d'avoir contribué à la mort de la personne

1. *Deuil et mélancolie*, Gallimard, 1968.

aimée ; et l'identification au mort, avec lequel on se retirerait alors de la vie.

Quant au deuil du parent, il est d'autant plus difficile à vivre qu'il n'a pas été fait à temps. Car il commence bien avant sa disparition, il se déroule à chaque phase de l'école de la fragilité. Pour la psychanalyste Melanie Klein, le sevrage (la perte du sein) est le prototype du deuil. Les deuils suivants dépendent de la manière dont celui-ci a été surmonté. On peut en dire autant de la phase œdipienne, et aussi de l'adolescence, quand l'enfant commence à se détacher de l'arbre familial pour créer sa vie. Si ces pertes ont été bien assumées, la mort du parent pourra se vivra certes dans le chagrin et la peine, mais aussi dans la tendresse, car l'enfant aura su se débarrasser de son agressivité vis-à-vis de lui.

V

Ce que nous disent nos fragilités

> « Les névrosés vivent une vie difficile et nous essayons d'alléger leur inconfort... Une analyse n'a pas à être poussée trop loin. Quand l'analysant pense qu'il est heureux de vivre, c'est assez. »
>
> Lacan, *Conférences et entretiens*

Le symptôme a du sens

La fragilité humaine se manifeste parfois de manière douloureuse : nous perdons le goût de travailler, d'aimer, de vivre. Or, de même que la fièvre vient signaler une infection, une souffrance psychique nous révèle quelque chose à nous-mêmes. Il est donc important d'écouter ce qu'elle a à nous dire, car elle peut nous alerter sur des causes plus profondes, sur des conflits importants à résoudre.

C'est parce que les médecines classiques ne parvenaient pas à venir en aide à ceux qui souffraient mentalement que la psychanalyse s'est construite. Face aux cas de femmes hystériques de la fin du XIXe siècle, Freud, étudiant en neuropsychologie, chercha un sens à ce qui n'apparaissait que comme un dérangement, un désordre : le corps de ces femmes s'arc-boutait, elles gémissaient, ou souffraient de paralysie, autant de signes étranges et inquiétants. Là où l'on ne voulait voir que de l'anormalité, il chercha une logique affective : quand une femme souffre d'une paralysie hystérique, qu'est-ce que cela veut dire ? Que ferait-elle avec son bras si elle en disposait ? Quel geste évite-t-elle ainsi de faire, ou au contraire simule-t-elle ?

Freud découvrit que le symptôme est une formation de compromis, le résultat d'un conflit et d'une négociation entre plusieurs instances psychiques. Quand le désir inconscient ne peut pas trouver directement de satisfaction, c'est qu'il rencontre des barrières, des oppositions. Le Moi n'accepte des désirs que de ce qui est en accord avec la réalité, ne serait-ce que dans un but de sauvegarde : on ne peut pas s'envoler du dixième étage ! Et, surtout, le désir inconscient rencontre les filtres du Surmoi et de l'Idéal du moi. L'un interdit ce qu'il juge mauvais, l'autre prescrit ce qui est bon. Pour trouver une satisfaction partielle, le désir va devoir se transformer, se déguiser pour tromper les censures qu'il subit. C'est pourquoi il se manifeste sous un jour incompréhensible.

Il arrive que le compromis coûte cher, que le conflit psychique entre désir et refoulement ne trouve pas de solution économique. Il se manifeste alors par ce qu'on appelle un « symptôme », qui peut prendre des formes diverses, physiques ou psychiques : insomnie, ulcère à l'estomac, phobie, impuissance, angoisse, obsession, fatigue, maladie, dépression, agressivité à répétition, sentiment de persécution, névrose d'échec, etc.

Ce que nous enseigne la psychanalyse c'est

que, sous la souffrance, il y a toujours la réalisation déguisée d'un désir inconscient. Ce ne fut pas la moindre surprise, pour Freud, de découvrir dans la cure ce qu'on appelle la « résistance » : alors que son patient était sur le point de se délivrer de sa souffrance, il ne le voulait pas. Ce qui peut représenter un scandale pour le sens commun : il y a de la jouissance inconsciente dans nos souffrances.

L'interventionnisme médical intervient souvent dans ce paysage comme un éléphant dans un magasin de porcelaine : il éradique le symptôme sans tenir compte du conflit qui le soustend. Il détruit la construction où un désir parvenait à trouver une satisfaction partielle, certes de façon non économique puisqu'il y avait souffrance. Il y avait pourtant dans le symptôme une recherche maladroite d'équilibre entre diverses forces inconscientes : paradoxalement, une recherche de santé. Avec le somnifère qui nous plonge dans le sommeil, l'anxiolytique qui anesthésie nos angoisses, l'excitant qui nous met dans un état quelque peu maniaque, avec la « nouvelle » psychothérapie comportementaliste (rebaptisée

« cognitiviste ») qui nous conditionne et nous reprogramme, le symptôme peut disparaître ou être enkysté. Mais le conflit psychique dont il était la résultante reste intact. Parfois, le fait que le symptôme devienne impraticable permet au sujet d'en réinventer d'autres plus vivables. Se contenter d'éradiquer le symptôme, comme le font la médecine et le cognitivisme, c'est parier sur la spontanéité du sujet, le laisser se débrouiller seul. Cela peut « marcher » quand le conflit inconscient n'est pas trop violent. Freud avait une image pour qualifier cette façon de faire : c'est comme si l'on soufflait sur une lampe en la prenant pour une bougie, disait-il. Alors que l'important, c'est de trouver l'interrupteur.

Voilà pourquoi un patient qui a commencé une psychanalyse, lorsque le symptôme pour lequel il est venu disparaît, souhaite souvent continuer sa cure. Si un homme souffrant d'impuissance ou d'éjaculation précoce comprend que son symptôme était lié par exemple à sa relation avec sa mère, il peut se contenter de « déconnecter » quelque peu sa mère de son amante et de jouir avec cette dernière. Il peut se contenter de ce statu quo. Le plus souvent, les personnes qui viennent en psychanalyse découvrent vite qu'au-delà du symptôme, elles connaissent un mal-être plus profond, plus indéfinissable. Elles se sentent limitées dans leur vie affective et leur travail, incapables de faire face aux coups durs de la vie. Elles continuent la cure pour changer, et non plus seulement pour faire disparaître un symptôme. Elles comprennent que, si on ne peut pas réécrire le passé, ni effacer ses cicatrices, il est possible d'inventer une façon moins coûteuse de gérer ce qui est ; une façon de trouver, pourrait-on dire, une névrose « meilleure », puisque personne ne peut y échapper entièrement. Il y a toujours un prix à payer, le bonheur parfait n'existe pas. Le tout est de trouver le meilleur rapport qualité-prix possible !

Donc, plutôt que de souffler sur le symptôme pour le faire disparaître, il peut être bénéfique de comprendre ce qu'il veut dire. Quel est le sens de la souffrance qu'il dégage, du désir qu'il recèle ? Si on le fait taire, on ne le saura pas. Une angine à répétition manifeste que quelque chose nous est resté dans la gorge, un mal de ventre manifeste un besoin d'évacuer. Mais quoi ? Qu'exprime ce premier langage du corps qui fut notre première expression lorsque nous étions bébés et que nous ne disposions pas encore du langage articulé – premier langage que nous pratiquons toujours ? Qu'est-ce que cette tristesse permanente, cette fatigue que l'on appelle « dépression » ? S'il n'y a pas de clé universelle pour chacune de nos souffrances, si leur compréhension et leur dépassement dépendent de notre histoire singulière, on peut néanmoins se donner quelques repérages que chacun peut librement s'approprier.

Déjouer nos mécanismes de défense

Quelle difficile question que de comprendre le langage de nos symptômes, et les désirs déguisés qu'ils expriment ! Si l'on ne peut pas souvent tout décrypter seul, on peut néanmoins faire preuve d'une oreille avertie... Autrement dit, quels sont les mécanismes de défense que notre psychisme met en œuvre pour tenter d'empêcher nos désirs inconscients de se réaliser, et les obliger à se manifester sous des déguisements divers ?

Le premier mécanisme, le plus simple, le plus primitif, consiste à décider que ce qui est... n'est pas ! Ainsi, tel désir se trouve hors du champ de conscience. « Non, disons-nous le plus souvent, je n'ai jamais désiré épouser charnellement mon père (ou ma mère) ! » Cette parole est sincère, puisque le désir en question a subi ce que l'on appelle un « refoulement ». Le Moi a décidé (si l'on me permet cette image) que ce désir n'existait pas, car il s'est révélé particulièrement immoral, dangereux et, de plus, décevant puisque non payé de retour.

Ainsi le fait que l'on nie tel sentiment ou tel désir n'implique pas qu'il n'existe pas. On ne peut être certain de soi en première approximation, il faut que ce que l'on tient pour vrai soit corroboré d'une façon ou d'une autre... ce qui, pour certains, revient à couper les cheveux en quatre : si l'on ne peut plus croire ce que l'on croit, où va-t-on ?

Cette position critique revient à refuser le fait de l'inconscient, qui est justement constitué de ce que nous avons refoulé, et dont nous ne cessons de vivre les manifestations. Car ce que nous avons mis au placard n'est pas inerte. Les désirs qui n'ont pas trouvé satisfaction poussent la porte derrière laquelle ils ont été enfermés ; tous les désirs de tous les âges, car l'inconscient ignore le temps et se souvient de tout. C'est dire que nous vivons à la fois les émois des enfants que nous fûmes et des adultes que nous sommes, et que le refoulé ne cesse de faire retour...

Dans le mécanisme de défense de la « dénégation [1] », il revient dans la conscience sous sa forme négative : « Vous allez me dire que ce rêve signifie que je désire éliminer mon père, mais justement pas ! » dit le patient. Dans cette opération, nous présentons notre désir tout en le niant, ce qui permet à notre sens moral d'être déjoué... Ainsi, lorsque

1. Énonciation, sous une forme négative, d'une pensée refoulée, représentant souvent le seul mode de retour du refoulé.

nous nions quelque chose, reste-t-il à savoir s'il s'agit d'une véritable négation ou d'une dénégation... Quand une femme (ou un homme) à qui nous n'avons rien demandé déclare tout de go ne pas nous aimer, elle indique déjà qu'elle aurait pu, que cette idée lui est venue en tête...

Il arrive également que ce travestissement soit renforcé jusqu'à ce que nous ressentions exactement l'inverse de ce que nous ressentons. Dans ce que les psychanalystes appellent l'« annulation rétroactive », nous nous efforçons de faire que ce qui est advenu n'a jamais existé. On peut se dire : la preuve que je n'ai jamais détesté cette personne, c'est que je l'aime infiniment (oubliant que je m'efforce d'être gentil avec cette personne pour effacer mon agressivité passée).

Dans la « formation réactionnelle », un mécanisme proche, nous nous efforçons de faire exactement le contraire de ce dont nous avons inconsciemment envie ; souvent de façon forcée, rigide, ce qui peut déboucher sur des maladresses qui permettent de faire (heureusement !) le contraire de ce que nous voulions consciemment... C'est ainsi que les enfants deviennent propres, parfois. Leur goût pour ce qui renvoie aux excréments se trouve en butte à ce que l'on appelle un « contre-investissement » : ils vont se passionner pour la propreté. Dans la manie de l'hygiène et de l'ordre, il y a la trace encore visible de ce contre-investissement.

Il arrive également qu'on attribue à un autre ses propres désirs. Ce qu'on ne reconnaît pas chez soi, en général des désirs condamnables, on le reconnaît chez l'autre, ce qu'on appelle une « projection ». Le racisme fonctionne selon ce mécanisme, où l'on attribue à l'étranger ses propres désirs inconscients de voler les biens et les femmes d'autrui, en même temps que la toute-puissance narcissique que l'on voudrait tant avoir... La jalousie, quand elle devient une obsession, ou un trait insistant de caractère, présente le même travestissement. La pensée inconsciente du jaloux est à peu près la suivante : cet homme est tellement beau et séduisant que ma femme ne peut que l'aimer (puisqu'il suscite chez moi un désir homosexuel inconscient).

Dans le mécanisme de défense de la « conversion », le psychique passe au physique : un conflit qui ne peut être vécu au niveau psychique s'exprime au niveau du corps par des douleurs, des dysfonctionnements qui peuvent parfois aller jusqu'à des symptômes très handicapants, comme la paralysie ou la cécité.

Lorsque la réalité ne nous convient plus, nous retournons vers des plaisirs plus anciens, des modes de fonctionnement plus infantiles. Ce mécanisme de la « régression » est parfaitement observable chez les enfants : sucer son pouce, par exemple, est une façon de retrouver une relation de sécurité que l'on a connue avec sa mère, au temps du nourrisson – comme fumer, à des âges ultérieurs.

Ces quelques éléments de la grammaire de l'inconscient permettent d'entrevoir qu'on ne peut croire nos symptômes sur parole. Ce qu'ils veulent dire s'exprime dans une langue cryptée qu'il faut déchiffrer, en tenant compte des cocasseries de l'inconscient qui, on vient de le voir, est prêt à toutes les contorsions pour parvenir à ses fins. Pourtant, nos symptômes sont à prendre au sérieux, car ils en disent beaucoup sur nous, sur nos peurs comme sur nos désirs. Ne pas en tenir compte, ne pas en tirer d'enseignement, c'est en quelque sorte marcher à l'aveugle, ou à côté de soi. Alors que nos symptômes nous avertissent des endroits où il ne faut pas aller, et nous indiquent les chemins que nous serions heureux de prendre. Ce qui nous apparaît comme une fragilité contre laquelle il faut lutter, ce sont en fait des signes déposés sur le bord de notre chemin.

L'angoisse, prototype de nos fragilités

L'angoisse fait partie de notre vie ; à tel point qu'on peut se demander si être dénué d'angoisse ne revient pas à être dénué d'une certaine humanité. Tout le monde a éprouvé ce sentiment de fragilité essentielle, fondamentale, qui ruine les fondements de toutes nos certitudes.

L'angoisse n'est ni la peur ni l'effroi. De la peur, on peut dire qu'elle est angoisse devant un objet réel, identifiable, face à quoi on peut mettre en œuvre des comportements de fuite ou de combat ; c'est dire que, quelle que soit l'horreur du danger, on n'est pas totalement démuni. L'effroi, en revanche, signe un effondrement du Moi, de toutes nos capacités dans une panique qui nous « rend fous », de façon momentanée, ou plus permanente dans les cas de désordre psychique grave. Le délire du psychotique, les hallucinations qu'il connaît, sont une tentative malheureuse pour donner un visage à l'angoisse panique et sans nom qui le détruit. « On peut dire que l'homme se défend de l'effroi par l'angoisse », écrit Freud dans *Introduction à la psychanalyse*[1].

De l'angoisse, on dira qu'elle est l'attente anxieuse d'un danger imminent et pourtant impossible à identifier. Elle a valeur de signal, elle annonce une possible destruction du sujet. Elle n'est donc pas, dans une première approche, l'expression d'une pulsion provenant du ça, mais une manifestation du moi veillant à son autoconservation.

1. « Petite bibliothèque Payot », 1999.

Pour Freud, il n'y a pas une angoisse, mais autant d'angoisses que de dangers autrefois vécus, qui se rappellent à notre mémoire. Pour Otto Rank, un des tout premiers élèves de Freud, la première situation anxiogène est le traumatisme de la naissance, où nous avons découvert les symptômes physiques qui accompagneront toute notre vie les situations d'angoisse : impression d'étouffement, sensation de froid, modifications du flux sanguin. On n'a jamais vérifié, pourtant, s'il existait une corrélation entre la difficulté de la naissance et une prédisposition à la névrose. Pour Freud, les quatre situations que nous revivons dans les moments d'angoisse sont les suivantes :

L'angoisse d'abandon correspond à un vécu très primitif, des toutes premières années, où nous avons eu le sentiment que notre vie était en danger du fait de l'abandon maternel. Bien sûr, il s'agit ici d'un ressenti qui ne correspond pas toujours à un abandon réel. Autrement dit, toute mère « abandonne » forcément son enfant, à un moment ou à un autre, dans la mesure où elle est (heureusement) dans l'incapacité de répondre « en temps réel » à l'ensemble de ses besoins.

L'angoisse de perdre l'objet aimé renvoie à l'abandon que nous avons tous vécu au moment de notre premier grand amour : notre père, notre mère a préféré l'autre parent. Avant d'accepter de renoncer à cet amour, nous avons connu la désolation, laquelle ravivait nos premières angoisses d'abandon connues quand nous étions nourrissons.

L'angoisse qui surgit lorsque nous sommes en état de désir, et encore plus lorsque sa satisfaction s'annonce, peut renvoyer à l'angoisse de castration, vive chez les garçons. Au moment du complexe œdipien, vers trois à sept ans, le garçon imagine que son père veut le punir par là où il veut pécher. Ce qui, dans sa logique infantile, est fort probable puisque, croit-il, c'est ce qui est arrivé aux filles, qui auraient « perdu » leur pénis. De nombreux fantasmes d'atteinte ou de destruction corporelle trouvent là leur origine, qu'ils soient passifs ou actifs. Car pour se défendre d'être victime, on peut en quelque sorte renverser les rôles et s'identifier à l'agresseur, et prendre alors plaisir à faire aux autres ce que l'on craint qu'on nous fasse !

L'angoisse du quatrième type est la plus partagée, au point que Freud en fait la marque de la civilisation : c'est l'angoisse morale, qu'il appelle la « peur du Surmoi », et qui se développe au cours de la phase de latence (sept à douze ans).

Le Surmoi est une instance inconsciente, disons un noyau inconscient qui résulte de l'intériorisation des interdits prononcés par les parents. Il est en ce sens « l'héritier du complexe d'Œdipe », dit Freud, puisqu'il commence avec l'acceptation par l'enfant du modèle de toutes les lois : l'interdiction de l'inceste. Mais en passant à l'inconscient, ces préceptes se retrouvent pris dans la logique du Ça, qui n'a guère à voir avec la rationalité mesurée du Moi. Pour imposer sa loi, le Surmoi utilise les forces agressives les plus archaïques de l'inconscient : il est féroce et cruel.

Le Surmoi repère même les désirs non réalisés qui cherchent à faire retour, et qu'il réfrène. Pour lui, même la simple intention inconsciente est un péché ! Cette répression provoque une réaction d'agressivité inconsciente qui vient d'autant grossir la faute et augmente d'autant le châtiment administré par le surmoi... Ainsi, au lieu de « racheter le péché », une moralité pure et dure, à la mode du Surmoi, ne peut que développer le cercle vicieux d'une faute pourtant non commise et de sa répression ! Cette culpabilité inconsciente alimente nos conduites d'échec et nos comportements d'autodestruction. Quand elle est particulièrement forte, elle apparaît à la conscience sous la forme d'angoisse de mort. Alors, notre meurtrier imaginaire est notre surmoi qui cherche à nous détruire en châtiment de nos fautes...

Enfin, Freud définit la névrose d'angoisse, la seule selon lui à trouver sa source dans la libido et non dans une recherche d'autoconservation. Névrose actuelle, dit Freud, car liée à une frustration vécue dans le temps présent. Cette angoisse serait due à une excitation sexuelle somatique d'origine interne (pour Freud, nous sommes comme des piles dégageant de façon constante une énergie qu'il nous faut décharger) qui ne trouve pas à se satisfaire, ni dans le corps par une action ni dans le psychisme par des fantasmes. Cette excitation devient alors une tension, elle est perçue comme un danger interne. Pour Lacan, l'angoisse est liée à une trop grande proximité au désir de l'autre. Elle renvoie à l'expérience traumatique, que nous avons tous faite, d'être dans les mains d'un autre dont le désir énigmatique nous envahit sans que nous y puissions rien : que nous veut-il ? Quelle jouissance tire-t-il de nous ?

La question est de savoir ce que nous dit notre angoisse : correspond-elle à une frustration sexuelle actuelle ? À une situation d'abandon actuelle ravivant des abandons passés ? À une culpabilité exagérée ? À l'envahissement d'un autre ? Autant de questions à se poser.

Phobies, peurs et dégoûts

On l'a dit, il est dans la nature de l'angoisse de rester flottante, de nous figer dans l'attente de quelque chose qui reste d'autant plus dangereux qu'il n'est pas identifié. Une manière de nous défendre de cet état consiste à donner un visage à l'angoisse, grâce aux mécanismes de défense décrits plus hauts.

La phobie des petits animaux chez les filles peut nous permettre de comprendre le mécanisme. Il est angoissant de désirer le sexe de son père parce que c'est interdit. Le premier mécanisme de défense utilisé est le renversement en son contraire : ce qui était séduisant devient menaçant, dégoûtant. Mais cette défense ne suffit pas : l'objet reste encore trop excitant. C'est pourquoi intervient un second mécanisme de défense : l'affect est déplacé sur un autre objet, censé ressembler au premier par un trait plus ou moins arbitraire – par exemple, les souris rentrent dans les petits trous... Dans la phobie des souris, quelque chose reste de l'excitation première, sous les métamorphoses tramées par les jeux souvent cocasses de l'inconscient.

Les phobies, les peurs, les dégoûts que l'on connaît peuvent être ainsi analysés. Mais le plus souvent, ce qui paraît clair aux personnes de notre entourage reste obscur pour nous. C'est que nous n'avons pas envie de savoir ce qu'inconsciemment nous savons parfaitement...

Les obsessions

Un certain nombre d'actions ne se vivent pas sans angoisse. Ce sont en général des impulsions agressives qui ne trouvent pas à se réaliser, mais elles le pourraient... C'est ce que supposent les adolescents qui pourraient se taillader les veines, les voyageurs qui pousseraient un inconnu sous un train... Ces idées qui viennent persécuter la conscience sont déjà travesties : elles renvoient en général à un autre désir, et également à une autre personne que la victime potentielle présente. Heureusement, leur aspect effrayant n'est donc pas à prendre au pied de la lettre et renvoie, le plus souvent, à des pensées infantiles où l'imagination joue un grand rôle.

Ces idées peuvent même avoir disparu de la conscience, il peut n'en subsister comme trace que les rituels que le sujet a mis en place pour les contrer. Ce sont en général des rituels de purification : se laver minutieusement les mains jusqu'à hauteur des coudes dix fois par jour, se répéter une formule rituelle dans certaines situations pour éviter de penser à une certaine chose et, sur un mode plus bénin, vérifier dix fois que l'on a bien fermé le gaz ou la porte de chez soi (c'est ce que l'on appelle des TOC : troubles obsessionnels compulsifs)... Ils présentent l'avantage de fixer le désir inconscient et le gros désavantage de tellement occuper l'esprit et le temps qu'ils peuvent rendre impossible une vie normale.

Comme pour les phobies, deux stratégies de soin sont possibles : éradiquer le symptôme en diminuant l'angoisse sous-jacente grâce à des tranquillisants, ou encore en conditionnant le sujet pour qu'il ne puisse plus faire appel à ses rituels. Dans ces deux cas, l'angoisse comme sa cause restent intactes. Un autre chemin, plus long, consiste à défaire le montage imaginaire qui a conduit à ce symptôme, dans le cadre d'une psychanalyse.

L'hypocondrie

Dans l'hypocondrie, l'angoisse reste présente. Elle trouve à se fixer sur la supposée fragilité de notre corps : telle douleur devient annonciatrice d'un cancer, telle angine va assurément entraîner des rhumatismes déformants... Les possibles épidémies, le temps « détraqué », les pollutions vont entraîner des catastrophes, c'est pourquoi il faut veiller à sa santé. L'astuce psychique consiste à utiliser des faits vrais pour en tirer des conséquences assez exagérées pour qu'elles justifient nos angoisses. Bien sûr, il faut chercher son origine ailleurs que dans le corps.

Les mots du corps

Plus de la moitié des cas traités par le médecin généraliste sont d'origine psychique. Les troubles bénins comme les maux de gorge à répétition, les insomnies, les douleurs, les fatigues inexplicables, les maux de tête, les troubles du système digestif sont des sonnettes d'alarme qu'il faudrait prendre en compte plutôt que de les éliminer avant qu'ils aient dit leur dernier mot. Quand on en a « plein le dos » de son mari ou de son travail, on peut prendre des antalgiques pour faire cesser ses douleurs lombaires : est-ce vraiment la solution ? Le problème avec ces signes du corps, c'est que les écouter conduit souvent à se poser des questions que l'on préférerait éviter car les réponses impliquent une remise en question, des prises de décision, c'est-à-dire un courage que l'on croit parfois ne pas avoir, tant que l'on n'est pas au pied du mur ou qu'il n'est pas trop tard. Comme si notre devise était : plutôt souffrir que changer !

Ces mots du corps, quand ils ne sont pas hystériques, relèvent de ce que l'on rassemble sous le terme de « psychosomatique ». Une maladie psychosomatique trouve son origine dans ce que l'on appelle un trouble « fonctionnel » : on veut dire par là que l'on constate un dysfonctionnement du corps sans trouver d'agent pathogène tel qu'un virus ou un bacille. La fonction corporelle est atteinte, sans cause biologique. L'illustration la plus classique de ce mécanisme est celle de l'ulcère à l'estomac : une agressivité non déchargée, non consciente, peut se traduire par une hypersécrétion stomacale, laquelle finit par produire une ulcération.

Les études épidémiologiques estiment que 28 % de la population est affectée de troubles psychosomatiques, qui touchent toutes les parties du corps : la peau (transpiration excessive, prurit), les muscles (torticolis), l'appareil respiratoire (asthme), l'appareil circulatoire (tachycardie, migraine), l'appareil digestif (aérophagie, certains ulcères, diarrhée, constipation), l'appareil génital (aménorrhée, vaginisme, impuissance).

Les personnes atteintes de maladie psychosomatique présentent un trait commun. Ce sont des personnes qui n'investissent pas ou peu la vie imaginaire. Leur vie psychique paraît simple et dépourvue d'affects forts. Ce qu'ils ne vivent pas mentalement, ils le vivent directement dans le corps, sans qu'il se soit produit de conversion du mental au physique. Une voie d'amélioration pour ces personnes est de parvenir à développer une vie psychique, et à tenter de comprendre les « bonnes raisons » qu'elles ont eues d'éviter d'éprouver des affects.

La dépression

Le terme de « dépression » est un mot fourre-tout que l'on utilise aujourd'hui pour caractériser tous les troubles névrotiques. Cet usage signe peut-être le fait que, si le XIXe siècle fut celui de l'hystérie, le XXe fut celui de la dépression.

On peut dire que, comme l'angoisse, la dépression est constitutive de l'humain. La tristesse, avec la perte du tonus et de l'humeur qui la caractérise, est consécutive à la perte, réelle ou imaginaire, d'un objet aimé. Ainsi les psychanalystes parlent-ils d'une « position dépressive du nourrisson », qui apparaît lorsqu'il constitue sa mère comme un « objet total ». Auparavant, on peut dire que le bébé ne faisait pas de lien entre ce qu'on appelle le « mauvais sein », celui qui s'absente, qui frustre et qu'il agressait imaginairement, et le « bon sein » qui allaite et gratifie, et qu'il aimait. Quand il reconnaît sa mère comme une personne permanente qui peut être à la fois bonne et mauvaise, le bébé se trouve face à une difficulté : il n'y a plus le bon d'un côté et le mauvais de l'autre. Celle-là qui est bonne est en même temps la mauvaise qui le frustre, et qu'il agresse. Il découvre donc de multiples raisons de la perdre, soit du fait de son absence, mais aussi parce que lui-même tente de la détruire... Il se trouve donc face à l'éventualité de perdre ce qu'il aime, et ce qu'il aime ne sera jamais plus seulement aimable, mais également pourvu de défauts et objet de son agression.

Le dépressif vit ou revit ce moment. Luttant contre le sentiment d'être en train de perdre un bien essentiel dont il ne peut pourtant rien dire, il tente de faire un avec ce qu'il valorise tant et qui cherche à lui manquer. Pourtant cet objet l'empoisonne : ce qu'il y a de bon et d'idéal dans l'objet aimé le juge de haut, il n'est rien à ses yeux, et ce qu'il y a de mauvais le rejette. Ce que traduit la formule de Christian Bobin : « C'est la maladie de celui qui, dépité de n'être pas tout, choisit par un revers enfantin de l'orgueil de n'être rien[1]. » C'est

1. *L'Inespérée*, Gallimard, 1994.

pourquoi, derrière la plainte manifeste du dépressif, se cache une haine contre l'autre qui lui veut tant de mal. Une haine qui transforme parfois son amour malheureux en un fantasme de dévoration dont témoignent souvent ses rêves ; comme si son vœu pouvait se formuler ainsi : plutôt détruire l'autre en le digérant que le perdre.

Il se trouve ainsi fixé dans la perte impossible de ce qui se révèle être, en dernière analyse, l'objet maternel à la fois aimé et haï. Il ne trouve pas le moyen d'élaborer cette perte afin de la dépasser, d'en « faire son deuil », comme on dit. Il reste bloqué dans le moment de la perte, un moment dont rien ne peut être dit, un rien qui rend la vie absurde et vaine. Rivé dans cet impossible face-à-face avec la disparition de l'objet maternel, il n'a pas trouvé quelqu'un pour le sortir de là, pour lui montrer qu'il y a une vie après la perte ; pour l'aider à construire une histoire, à reconnaître des valeurs ; à trouver un sens à la perte de l'objet aimé, et à comprendre qu'accepter de le perdre est la seule manière, indirecte et élaborée, de le retrouver. Il faut pour cela que l'objet soit posé comme définitivement perdu dans un passé où il est impossible de revenir. Ce qui manque au dépressif, c'est une identification à un père qui aurait donné cette ouverture ; et à ce qui, chez la mère, se trouve également du côté du langage et du sens plutôt que dans le corps à corps.

Même si nous ne souffrons pas d'une dépression perturbant notre vie, nous avons tous vécu et revivons tous cette perte de l'objet que nous avons aimé. Nous avons vu que le moment de l'œdipe est notamment celui d'un premier grand amour malheureux. Il n'y a donc rien de plus partagé que l'expérience d'un fond de dépression. À tel point que son absence est un signe d'alerte : quiconque ne se permet pas cette fragilité qui consiste à vivre des moments de spleen et de tristesse s'empêche d'élaborer la perte de ce qu'il aime ou a aimé. Il s'en défend souvent par ce qu'on appelle des conduites maniaques, caractérisée par l'hyperactivité et une humeur exagérément joyeuse... jusqu'à épuisement. On peut craindre alors un effondrement qui se révélera plus dramatique qu'une « bonne tristesse » ; notamment au moment du décès d'une personne proche.

Dans le cas d'une dépression sévère, d'une impossibilité de continuer à vivre normalement (dormir, se lever, manger, s'habiller, travailler, aimer...), il est important de partir à la recherche de ce qui a été perdu et qui était aimé, de comprendre quel sens cette perte a pu prendre – ce qu'un psy peut aider à faire, mais parfois aussi l'entourage, tout simplement.

VI

La tentation de l'individualisme

L'individualisme est l'une de nos croyances modernes, un des fondements du mythe qui donne un sens à notre vie : l'individu y est, à bien regarder, une sorte de dieu sur terre, créateur de lui-même, ne reconnaissant d'autre volonté que la sienne, bientôt maître des cieux et de la terre grâce à la science... mais son avènement reste à venir, toujours à venir.

On a pu parler d'une mutation sociale, d'une création historique avec l'apparition de l'individualisme. S'il commence à s'épanouir suite à la guerre de 14-18 en Europe, il ne triomphe vraiment qu'après celle de 39-45, au cours des trente glorieuses. Il apparaît alors comme une « libération » vis-à-vis de lois et contraintes désormais jugées archaïques.

Qui ne souscrirait, en effet, aux valeurs fondamentales que représentent la possibilité de s'accomplir personnellement, celle d'être respecté dans sa singularité, dans lesquelles on retrouve les valeurs primitives du libéralisme, qu'on peut résumer du mot de « tolérance » ? Mais cette première dimension se double d'une seconde qui commence avec le désir d'autonomie et se continue avec sa perversion, quand être responsable de son destin s'identifie avec le désir de ne dépendre de rien d'autre que soi. Dès lors, le monde commence avec soi, ce qui implique une manière d'éternité où l'on fait table rase des générations qui nous ont précédés, quitte à se retrouver un peu seul et désorienté… Le respect de soi de l'individualiste commence donc avec le non-respect des pères. Leurs lois sont jugées iniques puisqu'on ne les a pas fondées soi-même, selon son désir et ses intérêts. C'est pourquoi tout doit être permis. Telle est la bonne nouvelle postmoderne : guerre à la loi et vive l'anti-loi qui est la seule à respecter l'épanouissement personnel ! Sade l'avait bien dit : la nature de chacun étant ce qu'elle est, elle doit être respectée si l'on ne veut pas fouler aux pieds les valeurs sacrées de la liberté et de l'égalité. C'est pourquoi, explique-t-il en poussant son propos aux limites, une loi est inique dès lors qu'elle contraint la nature du voleur qui est de voler, du meurtrier qui est de tuer : « Quel sera le comble de votre injustice, écrit-il, si vous frappez de la loi celui auquel il est impossible de se plier à la loi [1] ! » Par ce jeu de retournement pervers (que ne désavoue pas toujours un parent d'aujourd'hui, au cœur souvent trop tendre pour son enfant !), on se trouve alors au cœur de ce qu'on appelle la « perte des repères ».

Heureusement, si l'individualisme nous tente, si la toute-puissance que nous promettent les sciences et la politique libérale nous y pousse, nous refusons encore d'y être immergés totalement. Heureusement, nous restons fragiles : incomplets, multiples, dépendants d'autrui, situés dans le temps...

---

1. *Français, encore un effort si vous voulez être républicains*, J.-J. Pauvert, 1965.

L'échec du narcissisme

Pourtant, les symptômes sont là. L'individualisme en notre époque de libéralisme triomphant donne lieu à une « culture du narcissisme », comme l'a dénommée Christopher Lasch. « Ce concept [de narcissisme] nous donne un portrait passablement exact de la personnalité "libérée" de notre temps, avec son charme, la pseudo-conscience de sa propre condition, sa sexualité tous azimuts, sa fascination pour la sexualité orale, sa peur de la mère castratrice, son hypocondrie, sa superficialité défensive, sa crainte de la dépendance, son incapacité à s'affliger de la peine d'autrui, sa terreur de vieillir et de mourir[1]. »

Le paradoxe des comportements narcissiques est qu'ils sont en fait la manifestation d'un appauvrissement narcissique. Autrement dit, plus notre confiance en nous se défait, plus nous exhibons ce dont nous manquons, pour voir les autres nous confirmer que nous n'en

1. *Le Seul et Vrai Paradis,* Climats, 2002.

manquons pas... Essayons de débrouiller cet imbroglio.

Sans passé ni modèle pour fonder son identité, sans loi pour donner des repères à ses actions, devant trouver en lui-même ses ressources, l'individu postmoderne est condamné à se trouver « libéré » de toute certitude. Il est donc, par nécessité, adepte de l'indifférence : il peut être à la fois féroce dans l'entreprise et soutenir les droits de l'homme ou même aller à l'église, avoir une vie conjugale et une vie sexuelle « libérée »... C'est qu'il a le sens de l'humour et qu'il déteste avant tout la pensée, la vérité, l'esprit de sérieux ! Car il n'y a pas de vérité, mais seulement des opinions qui se valent toutes, c'est-à-dire ne valent rien. Il n'est pas dupe de ce qu'il pense et de ce qu'il agit, il sait en rire... mais en même temps il le pense et le fait consciencieusement.

C'est dire qu'il est rongé par une insécurité qu'il refuse de constater et qu'il compense par des idées de grandeur que son environnement lui permet de cultiver. Les comportements narcissiques sont donc à comprendre comme une tentative de restaurer une identité menacée, plutôt qu'une heureuse manifestation de soi. Malgré les apparences, là où il y a du narcissisme, il n'y a pas de plaisir.

Car Narcisse a été déçu par autrui. De rage, il s'est détourné de l'autre pour ne plus aimer que lui. L'autre n'est plus un objet d'amour, mais Narcisse va continuer à en avoir besoin, comme d'un miroir dans lequel s'aimer. C'est en ce sens que l'on parle de « narcissisme secondaire » en psychanalyse : la libido se détourne de l'objet aimé pour se retourner dans l'amour de soi, tel Narcisse s'admirant dans son reflet. On sait que, dans le mythe, il en meurt : « Comme, épuisé de fatigue, [Narcisse] s'était laissé tomber sur l'herbe pour étancher sa soif, il tomba amoureux de sa propre image reflétée dans l'eau. Il commença par essayer de saisir et d'embrasser le beau jeune homme qui se trouvait devant lui mais il se reconnut lui-même et, transporté d'amour, resta couché à regarder dans l'eau pendant des heures. Comment supporter à la fois de posséder et de ne pas posséder ? Il était miné par le chagrin, et pourtant il se réjouissait de son tourment[1]. »

Pour la psychanalyse, les traits essentiels du narcissisme secondaire se regroupent suivant trois lignes fortes.

Le retrait libidinal[2] : l'autre n'est plus objet d'amour, il est nié ou ignoré, et n'existe que comme instrument pour l'amour de soi. Si malgré tout il apparaît dans sa réalité, il provoque haine et dégoût.

Le retour de la libido sur soi-même, qui se manifeste surtout par l'idéalisation de soi : le sujet narcissique vit dans l'illusion d'un moi grandiose qui lui garantit indépendance et autosuffisance. Ce moi grandiose peut être projeté sur des figures lointaines et admirées. Le narcissique aime une grande figure (un champion, une star...), il en est le « supporter », ainsi a-t-il le sentiment de partager ses qualités, et d'être quelqu'un.

1. Robert Graves, *Les Mythes grecs*, Fayard, 1967.

2. *Libido* signifie en latin « envie, désir ». En psychanalyse, on désigne ainsi le versant psychique de l'excitation liée à la pulsion.

Enfin, il vit une difficile contradiction entre son moi réel dont il dénie la pauvreté et son moi imaginaire et survalorisé qu'il cherche à montrer pour le voir confirmé dans le regard d'admiration d'un autre. En ce sens, et en ce sens seulement, il dépend totalement de l'autre, sans qui il se sent n'être rien. Mais d'un autre à sa façon, qui lui procure l'image dont il a besoin : il est agréable, séducteur avec lui, afin que l'autre le valorise. Il s'aime à travers l'autre, en jouant à figurer l'idéal de lui-même qu'au fond il sait ne pas être. Mais qu'importe ! Pour lui rien d'autre n'existe, en ce monde vide, sans vraies valeurs, que l'apparence et le plaisir de l'immédiat.

Parmi les manifestations de cet individualisme narcissique, on notera le culte du corps jeune, beau et performant, et plus généralement celui de l'apparence et de la réussite, le refus de déplaire et donc d'imposer des contraintes (même à ses enfants), la pensée « soft et sympa » doublée d'une douce langue de bois qui permet d'être accepté de tous, c'est-à-dire de n'importe qui... On pourrait bien sûr allonger la liste, nous préférerons attirer l'attention sur une contradiction : cet individualisme est un individualisme de masse, où tous, dans leur comportement, adoptent la même singularité. Le fait de puiser son sentiment d'existence dans le regard de l'autre y contraint, mais une autre raison tient à l'injonction sociale que subissent ces individus désarrimés de toute identité forte. Injonction d'autant plus efficace qu'elle n'emprunte plus seulement les voies autoritaires classiques, mais surtout celles de la séduction d'une promesse de bonheur facilement accessible par les voies de la consommation, rendue possible par la marchandisation de tous les aspects de la vie [1]. Injonction paradoxale que l'on pourrait résumer ainsi : sois toi-même... c'est-à-dire parfaitement adapté pour être performant en tout domaine (professionnel, sexuel, social) ; obéis librement à ce que t'offre généreusement la société, qui ne veut que ton bien. Si tu ne l'acceptes pas, tu ne seras pas puni, mais tu seras *rien* ; ce que tu redoutes le plus, puisque tu as refusé toute transmission qui t'aurait procuré une identité forte.

---

1. Du moins pour les groupes sociaux intégrés, les plus démunis étant délibérément mis hors jeu.

DEUXIÈME PARTIE

Les bonheurs de la fragilité

VII

Comment l'amour naît de la fragilité

« Ma seule consolation, quand je montais me coucher, était que maman viendrait m'embrasser quand je serais dans mon lit. Mais ce bonsoir durait si peu de temps, elle redescendait si vite, que le moment où je l'entendais monter, puis où passait dans le couloir à double porte le bruit léger de sa robe de jardin en mousseline bleue, à laquelle pendaient de petits cordons de paille tressée, était pour moi un moment douloureux. Il annonçait celui qui allait suivre, où elle m'aurait quitté, où elle serait redescendue. De sorte que le bonsoir que j'aimais tant, j'en arrivais à souhaiter qu'il vînt le plus tard possible, à ce que se prolongeât le temps de répit où maman n'était pas encore venue. »

Marcel Proust, *Du côté de chez Swann*

Besoin, désir, toxique

Nous avons vu comment, au moins dès la naissance, nous étions dans l'obligation de passer par une autre personne du fait de notre impuissance native. Si, au départ, ce sont les pulsions d'autoconservation qui nous amènent à reconnaître l'autre comme moyen de notre survie, nous n'en restons pas au registre du besoin et de la complétude. Nous accédons au désir et au plaisir, qui s'étayent sur le besoin pour s'en distinguer.

À la tétée est associé le plaisir de la chaleur du lait, de sa consistance liquide et de son goût. Le souvenir en reste sur les lèvres, pourrait-on dire, qui deviennent une zone de plaisir privilégié. Ce souvenir, et le désir qu'il suscite, prend son autonomie, se détache du comportement instinctuel de l'acte de téter qui permet l'ingestion alimentaire. Le bébé suçote alors qu'il n'a pas faim : il *désire* le plaisir procuré par le sein alors qu'il n'a pas *besoin* d'ingérer du lait. On a là le point de fondation de tous les désirs, qui se développeront à partir de cette expérience première ; le désir étant toujours la recherche d'un objet absent, et sa satisfaction l'illusion de l'avoir retrouvé. Ainsi commence le chemin de l'amour, avec la tendresse associée à la satisfaction des besoins et le plaisir lié à la satisfaction du désir.

Dans l'amour, il est question de l'absence d'un objet, et de l'émerveillement de le retrouver, de le croire présent. L'amour est donc un délicieux trouble de la remémoration. Un art de brouiller les pistes, de faire de l'absence une présence, source de jouissance. Donc, un art au sens fort du terme, que pratiquent tous les amants.

En ce sens, l'érotisme se distingue de la pornographie. Dans la pornographie, « ça baigne » : il y a toujours profusion de laitance ! Rien ne manque, le sein est toujours bandé et inéluctablement actif, la bouche sexuelle rassasiée de gré ou de force. Pas de désir, mais la représentation d'un besoin immanquablement *comblé* dans la possession d'un sein éternellement pourvoyeur d'un lait généreux. Ce scénario du besoin éternellement satisfait, qui est une machine de guerre contre le fait que « ça pourrait manquer », est celui de la consommation à laquelle on nous incite, la pornographie n'en étant qu'une figure parmi d'autres. Dans ce scénario, le bébé tout-puissant est le maître du sein, il établit sur lui son tout-pouvoir et en tire une mer de lait dans laquelle il baigne.

Le toxique, c'est l'autre tout-aimant

Ce scénario est également le fantasme du toxicomane. Comme le consommateur, le toxicomane est pris par l'autre, à tel point qu'il cherche à se déjouer de son emprise. De même que la jeune fille anorexique tente de dire non à une mère généreuse qui veut son bien, au point de la déposséder d'elle-même en la gavant psychiquement sans tenir compte de ses désirs, le toxicomane veut sortir de ce corps qui ne lui appartient plus, car il est resté l'objet d'amour absolu de l'autre. La seule façon de ne pas disparaître dans la jouissance provoquée par le tout-amour d'une mère, c'est d'en faire d'abord une douleur. Et la façon de sortir de la douleur, c'est de se fabriquer un nouveau corps grâce à un produit qui installe dans un tel état de complétude que tout désir, comme tout besoin, se trouvent abolis : l'amour de l'autre ne peut plus réussir à l'entamer.

L'autre du consommateur, c'est « Big Mother[1] », l'inlassable pourvoyeuse de bonheur – une instance collective difficilement repérable (parfois nommée « le social ») –, qui nous apprend à l'école ce qu'il faut savoir, nous nourrit de ses images, nous borde de prêt-à-penser et de prêt-à-aimer, nous assiste en tout ; nous sommes dans son tout-amour, nous y baignons, nous nous y dissolvons. La consommation des produits nous fait oublier cette perte de nous-mêmes. Dans la passivité, dans la fièvre acheteuse, nous sommes un instant les maîtres des plaisirs. Un instant qui précède le temps de la déception : dès que nous en devenons propriétaires, le produit

1. Michel Schneider, *Big Mother, Psychopathologie de la vie politique*, Odile Jacob, 2002.

perd son attrait, il faut recommencer le cycle. Cercle vicieux, puisque c'est la tout-aimante elle-même (le « marché ») qui nous réconforte en nous offrant une nouvelle fois de nouveaux produits...

L'amour, donc l'autre

Parce que nous aimons, que notre désir dépend d'un autre, nous sommes fragiles : l'autre vient mettre en péril notre tranquillité, notre soif de toute-puissance. Mais quelle source de bonheur également ! Source scandaleuse, puisque nous devrons apprendre qu'aimer, c'est lâcher prise, jusqu'à accepter de se défaire de soi.

C'est ainsi que Freud définit la passion amoureuse (laissant entendre qu'il n'y a d'amour que passionnel – ce en quoi on peut ne pas être d'accord). La personne amoureuse, dit-il, dote l'objet de sa flamme de toutes les qualités, et c'est pour cette raison qu'elle croit éprouver un désir sensuel – alors que c'est le contraire, le désir sensuel est le moteur du mouvement qui le conduit à investir l'objet de toutes les qualités. Le sujet se dessaisit de sa personnalité au profit de l'objet aimé. Il accepte de perdre une partie de son narcissisme pour le projeter sur l'autre. « Le moi devient de moins en moins exigeant, de plus en plus modeste, tandis que l'objet devient de plus en plus magnifique et précieux, attire sur lui tout l'amour que le moi pouvait éprouver pour lui-même[1]. »

Cet appauvrissement d'un moi qui se donne tout entier à l'objet suscite immanquablement une révolte : l'illusion amoureuse entraîne une haine de l'objet aimé pour lequel on s'est sacrifié. Ainsi, pour Freud, l'amour représente une atteinte à la toute-puissance narcissique. L'aimé(e) doit être sanctionné(e) pour cette faute, ne serait-ce que dans les mille petits conflits qui émaillent généralement la vie conjugale. On en veut à l'autre de l'aimer ! Voilà une des raisons pour laquelle l'amour est un art – notamment celui de se sortir de cette contradiction.

1. *Psychologie collective et analyse du moi, op. cit.*

Fusion et confusion

La passion amoureuse cherche à restaurer l'unité perdue, selon le mythe de l'androgyne. « Ce qu'on n'a pas, ce qu'on n'est pas, ce dont on manque, écrit Platon, voilà les objets du désir et de l'amour [1]. » La tentative décrite par Freud de retrouver chez l'autre son idéal vise à reconstituer la complétude qui aurait existé, avant la naissance et dans les premiers temps de la vie, alors qu'il n'existait pas encore pleinement d'objet extérieur à soi. Tenter de recréer, à l'âge adulte, cet état avec un autre différent de soi est voué à l'échec, car il arrive toujours un moment où l'autre se manifeste dans son altérité. Alors il renoue avec la figure de l'étranger, ce premier autre qui est venu troubler le parfait amour que l'enfant pensait filer avec sa mère, le père, d'abord honni de venir troubler la fusion primitive. En ce sens la passion est la recherche d'une autosuffi-

1. *Le Banquet.*

sance à deux qui est condamnée par avance... sauf à réaliser une confusion entre l'un et l'autre du couple. Lesquels se retrouvent alors soit dans une logique de possession, soit dans l'apathie d'un couple ayant reconstitué imaginairement un ersatz d'utérus et vivant dans l'« entre soi ».

Là où il y a fusion, il y a confusion, et donc impossibilité de l'amour qui implique que le sujet se distingue de son objet, pour son merveilleux désespoir. Car cette distance, cet inachèvement, permet la relance du désir. Dans l'amour, l'autre aimé reste définitivement un étranger jamais totalement connu, jamais totalement satisfaisant, en même temps suffisamment approché pour être estimé et désiré. L'amour est par définition fragile, puisque l'autre pourrait, un jour, ne plus y répondre ; puisque, aussi, il pourrait mystérieusement nous quitter. Réaliser une fusion pourtant jamais accomplie, conjuguer l'autre et le même, la distance et la proximité sans jamais parvenir à un état stabilisé, mettre du jeu entre ces bords opposés... tel est bien l'enjeu difficile et subtil de l'amour.

La joie de n'être que de l'un ou l'autre sexe

On l'a vu, il fallut l'état de détresse native pour inscrire en nous le registre de l'autre. Et un long travail pour sortir en partie de la toute-puissance imaginaire des premiers temps. Nous nous sommes séparés de nous-mêmes quand nous nous sommes reconnus dans le miroir, nous dédoublant alors dans un « je » regardant « moi ». Devenant des êtres parlants, nous avons perdu le réel pour établir notre monde dans le langage, ce système de signes abstraits des choses (sans rapport naturel avec elles). Avec la découverte des sexes, nous avons dû accepter de perdre notre toute-puissance phallique.

En effet, pas plus le garçon que la fille ne peut se représenter comme « intégral ». Si pour la fille les choses paraissent assez simples au premier abord, la castration est double pour le garçon. Elle est tout d'abord maternelle : il doit renoncer à porter un enfant, et à devenir ainsi aussi puissant que sa mère donneuse de vie. Elle est également paternelle : il se vit comme moins puissant que son père, dont il craint qu'il ne le castre pour le punir.

À la sortie de l'épreuve œdipienne, tous deux, fille et garçon, renoncent (en grande partie) à leurs souhaits incestueux pour leurs parents, et se soumettent à la loi. Ils sont devenus de fragiles humains, et c'est cette incomplétude qui va leur permettre d'aimer. C'est parce qu'ils ne peuvent se satisfaire en eux-mêmes, parce qu'il leur manque quelque chose (un quelque chose qui donnerait un sens plein à la vie et apporterait une totale jouissance) qu'ils sont capables de désir. Un désir jamais pleinement satisfait, la complétude n'existant pas, et ce manque est heureux puisque cela permet à cette quête de ne pas s'éteindre. Car l'homme est aimé par la femme pour ce qu'il n'a pas : il n'a pas ce qui lui permettrait d'être l'Homme Véritable. Et la femme est aimée pour ce qu'elle n'est pas : la Femme Essentielle. Dans l'amour, l'un donne ce qu'il n'a pas, l'autre montre ce qu'elle n'est pas. Ce qu'on appelle séduction...

L'autre restera toujours étranger à l'un : voilà ce qu'a institué la coupure sexuelle[1], le registre de l'altérité, tandis que l'œdipe a entraîné, avec l'interdiction de l'inceste, la reconnaissance de la loi. Alors l'humain possède l'aptitude morale, qui consiste à traiter autrui comme un autre soi-même à respecter (mais un soi-même inconnu). Car il faut aussi de la morale en amour...

Animés d'un fantasme de fusion, la femme et l'homme s'aiment... à condition d'accepter de ne pas y parvenir. Car s'ils tiennent, comme il arrive parfois, à nourrir l'illusion d'une parfaite union telle que chacun connaîtrait tout de l'autre, ils abolissent le désir puisque alors il n'y a plus d'autre ni de différence sexuelle – reste au mieux une différence anatomique et une satisfaction de besoins corporels. Ce qui est bien en amour, c'est que l'autre avec lequel on souhaite fusionner restera toujours un étranger, et donc toujours désirable.

1. « Sexe », du latin *sectus*, renvoie étymologiquement à la section, la coupure.

L'art de l'amour

La reconnaissance de la différence des sexes, c'est-à-dire l'acceptation de n'être que d'un sexe, implique que l'on ne peut pas faire un enfant tout seul. C'est-à-dire qu'il faut passer par un autre pour être fécond. Il faut être désiré par lui, il nous faut subir sa loi au sens qu'il faut accepter de passer par quelqu'un qui nous échappe par définition.

On sort alors d'une logique phallique de toute-puissance pour entrer dans une logique que l'on pourrait appeler « génitale », où la satisfaction passe par une castration assumée. C'est alors que l'on peut exercer un pouvoir soumis à des lois, donc limité et assumé comme tel : celui de procréer. Un pouvoir qui, dès lors, apparaît comme une délégation plutôt que comme une autocréation personnelle, car il résulte toujours d'une transmission. L'union sexuelle elle-même consiste à reprendre dans la génération qui est la nôtre le long travail de construction de la vie humaine perpétué avant nous, selon des modalités élaborées par ceux qui nous ont précédés. Sans les générations de christianisme qui nous ont précédés, sans les troubadours qui ont inventé l'amour courtois, sans nos parents qui ont œuvré à la « libération » des mœurs en Occident, nous aimerions tout autrement.

Pour être, il faut passer par l'autre : cette leçon ne vaut pas que pour la conception des enfants. Accepter d'être sexué, c'est-à-dire d'être castré en n'étant que de l'un ou l'autre sexe, conduit à une vision du monde. Ainsi la pensée traditionnelle a-t-elle ordonné le monde selon ses qualités sexuées : le sec et l'humide, le froid et le chaud, le haut et le bas, le rond et le droit, le mou et le dur, le fade et l'épicé, l'intérieur et l'extérieur, le privé et le public... Ces catégories sont toujours actives dans notre quotidien.

Accepter d'être sexué, c'est aussi ne pas pouvoir se reconnaître dans les aspects encore patriarcaux de notre culture, et donc ne pas partager l'exaltation d'une virilité machiste dont sont encore imprégnés des pans entiers de notre société.

Cette logique de la génitalité n'est pas sans

rapport avec la vision politique qui consiste, précisément, à choisir de passer par l'autre. En démocratie, après tout (si son principe était vraiment mis en application), chaque classe sociale admet qu'elle ne peut exister sans l'autre, qu'elle doit passer par l'autre classe pour que fonctionne la société globale : plus qu'un rapport de domination, c'est un rapport de coopération qui pourrait alors s'instaurer.

VIII

Accepter d'être fragile

Deux postures traversent chacun de nous : se donner comme idéal l'individualisme et choisir de rester dans la maîtrise (en combattant toute fragilité) ou bien au contraire accepter sa fragilité, c'est-à-dire assumer pleinement sa condition humaine. En chacun de nous ces deux tendances existent, il nous appartient de choisir.

Accepter notre fragilité, en faire le motif de notre vie (comme une musique a son thème) passe donc par l'abandon d'une manière individualiste de se vivre, selon laquelle la fragilité n'est que faiblesse et semble une menace permanente contre laquelle il faut lutter – tout en sachant obscurément que le combat est perdu d'avance... C'est accepter de ne pas faire de son moi un empire dans l'empire ; de ne pas être *propriétaire* de soi-même, de ne pas être une unité indivisible et forte de ses appartenances, campée dans ce qu'elle est, se tenant à la devise « Je suis ce que je suis », et donc opposée à tout changement, vécu alors comme un danger. C'est également accepter de ne pas garder le contrôle de soi, un contrôle qui empêche toute jouissance (puisque dans la jouissance on ne se possède plus), et qui limite les joies aux petits plaisirs du propriétaire.

Les vicissitudes du corps

Accepter la fragilité exige donc de ne pas avoir avec soi-même un rapport de propriété. En ce sens le slogan « Mon corps m'appartient », s'il eut un sens à un moment de la libération des femmes[1], implique néanmoins

1. Il signifie que le corps de la femme est « inviolable et sacré », comme l'énonce l'article 17 de la Déclaration des droits de l'homme à propos de la propriété.

un rapport marchand à soi-même. Si, comme tout propriétaire qui se respecte, on s'identifie à ce que l'on *a*, alors on *est* son corps, son apparence (nécessairement jeune, beau ou belle, indemne de maladies, sans marque de vieillissement – et pourquoi pas immortel). On devient alors incapable d'écouter son corps et de tenir compte de ses besoins et exigences, d'accepter son évolution jusqu'à son terme. On établit avec lui un rapport de force : il devient un instrument, une machine propre à réaliser les performances professionnelles, amoureuses, sportives que « je » décide de « lui » faire produire. Accepter sa fragilité, c'est donc sortir d'un rapport « médical » à soi où nous chercherions, au niveau psychique comme physique, à obtenir de nous-mêmes le meilleur rendement ; d'un rapport où, étant nous-mêmes la cause de tout, c'est à nous de produire notre bonheur grâce à une saine gestion, un management rationnel de nous-mêmes.

Accepter, savoir composer

Être un sujet fragile, c'est également sortir d'une guerre ordonnée par une logique binaire : l'un *ou* l'autre. C'est penser que l'un peut composer avec l'autre. Ce que nous perdons en force, nous le gagnons alors en puissance. Nous ne sommes plus confinés dans la casemate d'un moi fort en lutte contre tout ce qui n'est pas lui. Une fois ouvertes les portes de notre forteresse, la respiration rétablie, nous participons du paysage qui nous entoure...

C'est savoir que je ne me réduis pas à ce que je suis, mais que je suis multiple, que je peux penser autrement que je pense, ressentir autrement que je ressens. Que je suis composé de nombreux moi, à commencer par les identifications que j'ai faites à mes deux parents : j'ai pris chez l'un et chez l'autre des désirs, des idéaux par définition distincts, souvent contradictoires, ils mènent leur jeu en moi, c'est à partir d'eux que je fais ma cuisine personnelle.

C'est encore dire que « je » n'est pas « moi »,

pas seulement ma conscience ni mon corps, pas seulement ce que je me représente de moi... « Je est un autre », disait le poète Rimbaud. Ce que chacun peut constater en s'observant un peu. Dire « Je désire » ou « Je pense », c'est faire un raccourci, certes pratique dans le quotidien, mais un raccourci incertain. Plutôt que de dire « Je pense donc je suis », il faudrait dire : « Je suis où la pensée (le désir) me vient. » « Je » n'est pas « moi », pas seulement moi, mais aussi un autre qui pense et qui désire en moi ; pas seulement l'autre inconscient décrit par la psychanalyse, mais peut-être aussi tout ce qui est autre et participe de moi : en synthèse, la situation concrète dans laquelle je suis, et que je suis. Il est en effet impossible de me représenter ailleurs que dans le temps et l'espace où je vis : dans cette époque, dans cette société, dans ce pays, à travers les choses que je vois, les personnes que je rencontre, les paroles que j'entends.

Là encore, il s'agit d'acceptation. Se dire « Je n'ai pas de chance d'être né à cette époque ou dans ce pays », c'est croire que nous ne sommes pas liés dans notre être à cette époque et ce lieu. C'est dire en somme « Ah, si j'étais ce que je ne suis pas... » et se figer dans une situation d'insatisfaction permanente, lutter en vain contre soi-même. Le souhait de maîtrise et d'indépendance nous installe alors dans cette position intenable : nous distinguant du monde pour mieux le dominer, nous nous en retrouvons privés. Ce qui produit un effet de déréalisation : nous ne sommes plus où nous sommes, mais nous ne pouvons pas être ailleurs... Alors vient la nostalgie : ne supportant pas le présent, nous souhaiterions retrouver le passé et ses « vraies valeurs », mais il a fui, et sa restauration ne peut faire qu'illusion ; nous aimerions être ailleurs, sous les tropiques, nous n'y sommes que des touristes.

Vouloir être une forteresse imprenable, inattaquable, c'est être incapable de changer. Accepter la fragilité, c'est s'ouvrir à la multiplicité et au devenir : ce que je suis aujourd'hui, je ne le serai pas demain, je ne l'étais pas hier, telle est ma condition, et je suis friand de ce qu'elle m'apporte, de ce que je vais découvrir demain, de ce que je découvre d'inconnu en moi, du risque que cela comporte, de l'aventure que cela représente.

Être fragile, c'est donc aussi avoir accès à la complexité. Une complexité qui s'exprime également dans le rapport au corps, qui n'est jamais simple. Je ne suis pas seulement mon corps ni ma volonté consciente, je suis aussi ce que je crée : par exemple, je participe de mes enfants comme ils participent de moi.

Être ouvert au manque

On l'a vu, le besoin renvoie à une satisfaction par l'accumulation et le comblement, alors que le désir, toujours recommencé, vise la jouissance d'un objet manquant et retrouvé. Le besoin vise le comble de la possession, le désir vit de la dépossession. Se soumettre à une logique individualiste de la maîtrise, c'est se cantonner au besoin ; accepter la fragilité, c'est consentir au désir.

C'est dire qu'accepter la fragilité, c'est accéder au registre du manque, vivre de l'écart entre l'imaginaire recherché et la réalité accomplie, en faire une source de recherche et de mouvement – alors que l'individualiste n'y trouve qu'une source de frustration et de souffrance. Par là, on peut s'ouvrir à l'incertain, au complexe, au pas encore défini... bref, à tout ce qui n'est pas cerné par les bornes d'une certitude. C'est alors qu'il devient possible d'affronter le réel, que l'on ne peut jamais cerner, qui reste mystérieux, qui échappe. On accepte de ne pas *tout* savoir : c'est ce qui permet de s'étonner, ce qui donne envie de découvrir. C'est la perte qui fait penser : la perte que représente le constat que l'on ne pourra jamais coïncider avec le réel, la perte définitive du grand amour de son enfance, la perte que représente le fait que quelque chose dans autrui restera toujours étranger. Telle est la condition pour devenir véritablement humain.

Ne pas tout savoir, ne pas tout être : c'est accepter l'incomplétude, et sa richesse. C'est ne pas attendre pour vivre d'avoir enfin atteint la toute-puissance (le tout-avoir, le tout-savoir, le tout-amour...), ce qui nous condamne à l'attente, et à ne pas vivre. C'est accepter nos limitations, nos manques, savoir en faire des atouts. Et savoir manier les paradoxes, avoir le sens de l'humour – notamment la force de rire. Impossible de rire si l'on n'a pas le sens des limites !

S'opposant au monde en cherchant à le dominer, l'individualiste le perd. Se sachant une partie d'un monde dont il dépend, le sujet fragile s'embarque dans son mouvement.

IX

Quand l'autre paraît

« Aimer, c'est trouver sa richesse hors de soi. »

Alain, *Les Passions et la Sagesse*

On ne communique qu'avec l'étranger

Parce que l'autre reste autre, parce qu'il n'est jamais totalement identifiable, il m'échappe. C'est parce qu'il est étranger à moi, comme je suis étranger à moi-même, que la communication peut exister et que l'empathie devient possible. Ainsi puis-je sortir de la sympathie, où je serais comme lui, dans une fusion ne permettant pas de démêler le sien du mien, et de l'antipathie, où j'aurais à le combattre et le dominer. Alors je peux être dans une recherche de l'autre comme je le suis de moi-même, alors j'accède au registre de l'altérité. Si je me sens identique à l'autre, c'est dans l'altérité reconnue : nous nous rencontrons dans le constat que nous ne pourrons jamais nous rencontrer totalement ; c'est ce qui constitue justement la rencontre, qui est la recherche constante d'un autre qui ne sera jamais là de façon transparente, et que l'on pourra donc toujours désirer – alors que l'individualiste, dans son besoin d'être maître de ses propriétés, ne reconnaîtra un autre que lorsqu'il l'aura totalement défini, lorsqu'il pourra en dire « Ce type est comme ça », se contentant alors de l'à-peu-près d'une caricature qu'il prendra pour une identité auquel l'autre sera sommé de ressembler : « Mais si, je t'assure, tu es comme ça ! »

Parce que le sujet fragile n'est pas enfermé dans un moi fort et unifié, parce qu'il sait qu'il existe par un autre qui lui restera toujours en partie étranger, il est en mesure de rencontrer l'autre et de nouer avec lui des solidarités. Autrement dit, c'est parce je partage avec l'autre une question sans réponse définitive que je m'en sens solidaire et que nous pouvons agir ensemble.

Pas de jouissance sans fragilité

Les femmes, plus que les hommes, savent s'abandonner à la fragilité. Pas tant parce qu'elles ont été posées par le patriarcat dans une position de faiblesse : la réaction à la négation d'elles-mêmes qu'elles ont subie peut seulement conduire à un renversement des rapports de force, de telle sorte que, pourrait-on dire, les femmes deviennent les hommes et vice-versa (regardons ce qui se passe dans certaines familles). Alors, elles s'approprient le pouvoir mâle sans rien y changer.

Les femmes sont douées pour la fragilité parce qu'elles l'expérimentent dans leur sexualité. Parce que leur anatomie les destine à accueillir l'autre en elle, le sexe de l'amant, puis l'enfant, elles sont d'emblée dans la relation à un autre. Leur anatomie ne les invite pas à se construire sur le mode d'un moi forteresse. Leur expérience de la jouissance les conduit également, plus facilement qu'un homme, à faire l'expérience de la puissance de la fragilité. Tirésias nous l'a appris depuis l'Antiquité (lui qui avait été transformé en femme pendant sept ans), les femmes jouiraient neuf fois plus que les hommes. Ainsi, Robert Graves rapporte : « Héra se mit à reprocher à Zeus ses nombreuses infidélités. Il se défendit qu'en tout cas quand elle partageait son lit, c'est elle qui prenait la meilleure part.

"Les femmes, grommela-t-il, c'est bien évident, éprouvent plus de plaisir dans l'acte sexuel que les hommes.

– Pas du tout, s'écria Héra, c'est justement tout le contraire, et vous le savez bien !"

Tirésias, mandé pour apaiser la querelle, et prié de dire son sentiment d'après sa propre expérience, répondit : "Si en amour le plaisir était compté sur dix, les femmes obtiendraient trois fois trois et les hommes seulement un [1]." »

Il y a, chez les femmes comme chez les hommes, un combat entre un sujet acceptant

1. *Les Mythes grecs, op. cit.*

sa fragilité et un moi fort qui tient à garder le contrôle, un combat qui se résout, plus souvent chez les femmes que chez les hommes, en une puissante défaite que Jacqueline Schaeffer décrit comme un « masochisme sans masochisme[1] ». Du côté du moi fort, la femme ne supporte pas l'effraction que représente imaginairement la pénétration. Elle refuse d'être envahie, dépossédée d'elle-même. Du côté du sujet fragile, elle accepte malgré tout d'être défaite. Alors la jouissance peut venir, le moi accepte de ne plus être aux commandes, il se laisse déborder par ce qui transporte le corps hors de lui, dans une extase où elle perd sa conscience habituelle, et dont il lui sera impossible de parler quand le moi aura repris son empire. Alors la femme fait l'expérience que l'étranger qu'elle accepte en elle, d'abord malgré elle, devient à elle. Un étranger à double visage, qui n'est pas seulement extérieur mais aussi interne : car la levée de la libido est également vécue par le moi fort comme une menace de perdre la maîtrise. C'est en acceptant de

1. *Le Refus du féminin*, PUF, 2000.

passer par cette fragilité que la femme découvre sa jouissance : plus elle se soumet à son propre désir, plus elle a de puissance sur son amant. « Le sexe féminin n'est trouvé que d'être perdu et pris », écrit Jacqueline Schaeffer. Voilà que la fragilité féminine, la perte de soi est ce par quoi elle est devenue une puissance.

L'expérience masculine de la jouissance est équivalente, dans la mesure où la jouissance est toujours une expérience passive où le moi se trouve débordé – d'où le sentiment de danger qu'elle éveille. Culturellement, mais aussi physiquement, les hommes sont plus armés pour s'en défendre : ils peuvent tenter de se limiter à un rôle actif pour éviter la perte de contrôle, et se contenter de faire jouir l'autre – c'est-à-dire de jouir par procuration, pour autant que la partenaire puisse s'en contenter. Car la femme a besoin que son amant puisse rassembler en lui les courants tendre et violent, qu'il accepte d'être envahi par sa propre libido et qu'il soit à même de la porter dans le corps de son amante ; qu'il puisse être subjugué par sa capacité à le recevoir et à se soumettre à lui.

Inconsciemment, dans le rapport sexuel se

rejoue un fantasme originaire[1], archaïque, de séduction. Dans ce scénario imaginaire, un enfant subit malgré lui une excitation sexuelle provoquée par un adulte. Celle-ci a un caractère traumatique dans la mesure où elle est imposée et où, surtout, l'enfant est submergé par une excitation qu'il est incapable de décharger dans une satisfaction. On peut supposer qu'une des sources réelles du fantasme de séduction tient à une expérience infantile que nous avons (presque) tous partagée. « C'est réellement, écrit Freud, la mère qui a nécessairement provoqué et peut-être même éveillé, dans les organes génitaux, les premières sensations de plaisir, en donnant à l'enfant ses soins corporels. »

Dans la jouissance sexuelle, nous reproduisons, hommes comme femmes, ce scénario inconscient où nous subissons malgré nous

1. Trois fantasmes archaïques structurent notre psychisme. Ils décrivent les origines du sujet, sur la base de l'histoire singulière de chacun : une scène primitive représentant sa conception, une scène de castration représentant son assujettissement, et une scène de séduction qui représente comment la sexualité lui est venue.

l'activité d'un autre. C'est dire que nous vivons une double expérience de fragilité : celle, extérieure, de l'ouverture passive à un autre et celle, intérieure, d'être envahi par un désir plus puissant que nous. C'est en l'acceptant, en étant portés par lui que nous partageons sa puissance, dans un état proche de la transe que certains peuples anciens ont su cultiver.

Il faut donc passer par l'acceptation de la fragilité pour faire l'expérience de la jouissance. L'individu fort, dans sa volonté de tout contrôler, ne peut accepter d'être ainsi submergé. Il fait donc le sacrifice de la jouissance, se contente des menus plaisirs du propriétaire, et régresse aux plaisirs de l'oralité dans la consommation. Pour lui, être satisfait c'est être repus : il est plutôt du côté de la rumination dans la paix bovine que dans l'expérience de l'ouverture et de la perte des limites du moi par quoi passe toute jouissance.

Une expérience que les mystiques, grands experts en la matière, ont bien su évoquer. Qu'ils soient hommes ou femmes, ils décrivent toujours une extase dans laquelle ils sont pris, un état où ils sont en position féminine vis-à-vis de Dieu, en position de soumission puissante : si je ne me faisais pas aimer par toi de la sorte, lui disent-ils, tu n'existerais pas. Jouir, pour eux, c'est donner existence à l'autre, dans un rapport qui ignore la domination.

X

Importance de l'inutile

Le présent est une fête

Céder à l'individualisme, c'est se comporter en propriétaire : c'est chercher à s'approprier ce qui n'est pas à soi. Il faut alors devenir gestionnaire, rationnel, aller à l'essentiel, opérer des choix drastiques entre ce qui est productif et improductif, ne pas oublier un seul instant le but à atteindre : tout doit m'être utile, et rien ne doit me résister. Chaque action, chaque personne est jaugée selon ces critères. Il n'est donc pas question d'agir à fonds perdu, mais de suivre obstinément un sens unique : toute situation est réduite à ce qu'elle rapporte (affectivement, socialement, économiquement).

Ainsi, toute situation présente est évaluée au regard d'une situation future escomptée. Le présent se réduit à la jouissance d'un futur hypothétique : présent à ce qui est encore absent, on reste absent à ce qui est présent. Céder à la volonté de toute-puissance propriétaire, c'est donc rendre le futur abstrait plus concret que la situation actuelle. Dans cette perspective du futur idéal, la réalité du présent perd toute vitalité, et devient banal, limité, nécessairement décevant.

La seule façon de vivre le présent dans son épaisseur est d'accepter sa fragilité. Car le présent a une durée, celle du passé dont il est l'aboutissement, celle d'un futur à inventer. Alors il devient possible de goûter le concret d'une situation, d'en explorer toutes les dimensions. Car le présent est le temps de la sensualité. Une sensualité que l'on peut alors connaître et pleinement savourer, puisque nous consentons à être sensibles à ce qui nous entoure. Ouverts à ce qui n'est pas nous, nous acceptons d'être plongés dans une situation qui nous reste étrangère, sans maîtrise possible ; et, parce qu'elle est étrangère, elle va nous donner à vivre du nouveau, de l'imprévu : elle nous inspire. Ainsi le présent est une fête qui n'a d'autre raison que le bonheur d'être là.

Éprouver la capacité d'être ici et maintenant, c'est donc cesser de tendre toujours et encore vers d'autres désirs, vers d'autres projets, d'autres instants.

L'échange gratuit

Dans l'échange avec autrui, deux postures sont également possibles. Tant que l'on tente de se maintenir dans l'illusion de la souveraineté du moi, tout don est un péril, une perte. À l'opposé de cette conception, Marcel Mauss a vu dans le potlatch, observé chez certains Amérindiens comme chez les Mélanésiens, une paradoxale obligation de générosité qu'il donne pour socle des morales humaines [1]. Dans de nombreuses sociétés dites « primitives », notamment en Afrique, le potlatch fait

1. *Essai sur le don*, in *Sociologie et anthropologie*, coll. « Quadrige », 2001.

obligation de donner et de recevoir, sachant que le bénéficiaire du don se verrait déshonoré s'il ne rendait pas plus qu'il n'a reçu. Nous connaissons toujours ce type d'échange, notamment dans l'échange de cadeaux.

Dans cette pratique du don, l'échange peut être compris selon deux dimensions. La première définit le degré d'intéressement (tourné vers moi) ou de gratuité (tournée vers l'autre) d'un acte. Je peux agir de façon intéressée si le motif de mon acte réside dans le gain personnel que je vais en retirer, sans tenir compte de l'autre. J'agis avec un certain degré de gratuité si je donne pour faire plaisir. La seconde dimension définit le degré d'obligation ou de liberté d'un acte. J'agis dans le respect des lois qui règlent mes relations avec autrui, je peux agir également librement, c'est-à-dire comme je veux, sans tenir compte d'aucune règle.

Le moi individualiste privilégie un échange intéressé et libre de contraintes. Accepter sa fragilité, c'est au contraire privilégier un échange gratuit, dans le respect des obligations.

La relation amoureuse répond à cette logique. Une sexualité restée orale ou anale ne conduit qu'à prendre pour consommer, à faire que l'un perd ce que l'autre gagne. Quand les partenaires sont parvenus à une réelle sexualité génitale [1], ils donnent à l'autre gratuitement, et dans le respect de sa personne. C'est à cette condition que le rapport est fécond : qu'il apporte plus que la somme des deux amants, soit des enfants désirés et bien d'autres créations.

Être libre, c'est assumer son destin

Les Grecs se savaient soumis au destin, les chrétiens le sont à la volonté divine. Aujourd'hui, chacun de nous tient à être maître de soi, à créer son destin de toutes pièces. Il nous faut pour cela repartir de zéro, écarter tout ce qui est censé nous aliéner : notre passé trop passéiste, notre présent trop décevant. Une fois que nous aurons tout en main, pensons-nous,

1. Oral, anal, génital : ces notions ont été développées dans les chapitre IV et VII.

alors nous pourrons agir... c'est-à-dire une fois que nous serons omniscients et tout-puissants, nous déciderons en connaissance de cause. Cette conduite nous paraît rationnelle et responsable. Ce que nous ne maîtrisons pas nous effraie.

Et pourtant, là où nous croyons nous perdre, nous pouvons trouver en réalité une force pour agir. C'est notre histoire, notre héritage, avec ses contradictions, ses ombres, qui nous permet, parce que nous acceptons d'en dépendre, d'aller de l'avant. Tenir compte du passé permet d'ouvrir l'avenir.

C'est en connaissant mieux et en intégrant ce qui nous détermine que nous pouvons bouger, c'est-à-dire inventer une autre façon de désirer et d'agir : comment notre histoire personnelle nous a conduits à aimer et ne pas aimer, comment les générations qui nous ont précédés nous amènent à désirer de cette façon et non d'une autre... En connaissant mieux, tout en sachant que ce travail est toujours à refaire ! Sinon, nous sommes le jouet d'une répétition dont nous n'avons pas conscience : voulant nous croire libres, ne dépendant que de nous-mêmes, nous sommes agis par un autre (notre inconscient, notre environnement) sans le savoir. Sans le savoir concrètement, c'est-à-dire sans l'éprouver jusqu'à être capables de l'énoncer en mots audibles pour l'autre et pour soi. Il nous faut repasser par ce qui nous détermine pour pouvoir le dépasser.

Encore une fois, accepter nos fragilités nous permet de trouver la puissance d'aimer et d'agir.

Bibliographie

BENASAYAG, Miguel, *Le Mythe de l'individu*, La Découverte, 1998.

BENASAYAG, Miguel, *La Fragilité*, La Découverte, 2004.

DEJOURS, Christophe, *Souffrance en France*, Le Seuil, 1998.

DOLTO, Françoise, *Tout est langage*, Gallimard, 1995.

DUFOUR, Dany-Robert, *On achève bien les hommes*, Denoël, 2005.

FREUD, Sigmund, *Métapsychologie*, Gallimard, 1968.

FREUD, Sigmund, *Pour introduire le narcissisme*, dans *La Vie sexuelle*, PUF, 1969.

FREUD, Sigmund, *Cinq leçons sur la psychanalyse*, dans *Œuvres complètes*, t. X, PUF, 1993.

FREUD, Sigmund, *Totem et tabou*, Gallimard, 1993.

GRAVES, Robert, *Les Mythes grecs*, Fayard, 1967.

GRUNBERGER, Bela, *Narcisse et Anubis*, Des femmes, 1989.

LACAN, Jacques, *Fonction et champ de la parole et du langage*, dans *Écrits 1*, Le Seuil, coll. « Points », 1999.

LAGACHE, Daniel, *La psychanalyse et la structure de la personnalité*, in *La Psychanalyse*, PUF, 1958.

LAO-TSEU, *Tao-tö king*, Gallimard, 1967.

LASCH, Christopher, *Le Seul et Vrai Paradis*, Climats, 2002.

LIBRAN, Kosy, *Le Prophète du libéralisme*, Mille et une nuits, 2005.

LYOTARD, Jean-François, *La Condition postmoderne : rapport sur le savoir*, Minuit, 1984.

MAUSS, Marcel, *Essai sur le don*, in *Sociologie et anthropologie*, coll. « Quadrige », 2001.

MELMAN, Charles, *L'Homme sans gravité*, Denoël, 2002.

MINC, Alain, *Les Prophètes du bonheur*, Grasset, 2004.

Narcisses, *Nouvelle Revue de psychanalyse*, nº 13, 1976.

Racamier, Paul-Claude, « De la perversion narcissique », revue *Gruppo*, nº 3.

Rank, Otto, *Le Mythe de la naissance du héros*, « Science de l'homme », Payot, 2000.

Sade, marquis de, *Français, encore un effort si vous voulez être républicains*, J.-J. Pauvert, 1965.

Schaeffer, Jacqueline, *Le Refus du féminin*, PUF, 2000.

Schneider, Michel, *Big Mother, Psychopathologie de la vie politique*, Odile Jacob, 2002.

Sibony, Daniel, *Perversions, Dialogues sur des folies « actuelles »*, Grasset, 1987.

Table

Deuxième partie
Les bonheurs de la fragilité

DU MÊME AUTEUR

Dolto expliquée aux parents, L'Archipel, 1998 / J'ai lu, 2000.

La Psychanalyse sans complexes, L'Archipel, 2000 / J'ai Lu, 2003.

Telle fille, quel père ?, L'Archipel, 2002 / J'ai Lu, 2004.

La Psychanalyse, coll. « Idées reçues », Le Cavalier bleu, 2002.

À propos de : Hitler et Freud, un transfert paranoïaque (la genèse incestueuse d'un génocide et les persécutions aujourd'hui) de Roger Zagdoun, Encre, 2002.

Le Complexe d'Ubu, ou la névrose libérale, Fayard 2004.

Croire en soi, ou la confiance perdue et retrouvée, L'Archipel, 2004.

Freud pour les parents, L'Archipel, 2006.

L'Impasse narcissique du libéralisme, Climats, 2007.

Courriel de l'auteur :
jeanclaude.liaudet@wanadoo.fr

Composition Nord Compo
Impression : Imprimerie Floch, janvier 2008
Éditions Albin Michel
22, rue Huyghens, 75014 Paris
www.albin-michel.fr

ISBN : 978-2-226-18057-5
N° d'édition : 25516 – N° d'impression : 70334
Dépôt légal : novembre 2007
Imprimé en France.